PERSA

VOCABULÁRIO

PORTUGUÊS BRASILEIRO

PORTUGUÊS PERSA

Para alargar o seu léxico e apurar
as suas competências linguísticas

5000 palavras

Vocabulário Português Brasileiro-Persa - 5000 palavras
Por Andrey Taranov

Os vocabulários da T&P Books destinam-se a ajudar a aprender, a memorizar, e a rever palavras estrangeiras. O dicionário é dividido em temas, cobrindo todas as principais esferas de atividades quotidianas, negócios, ciência, cultura, etc.

O processo de aprendizagem, utilizando os dicionários baseados em temáticas da T&P Books dá-lhe as seguintes vantagens:

- Informação de origem corretamente agrupada predetermina o sucesso em fases subsequentes da memorização de palavras
- Disponibilização de palavras derivadas da mesma raiz, o que permite a memorização de unidades de texto (em vez de palavras separadas)
- Pequenas unidades de palavras facilitam o processo de estabelecimento de vínculos associativos necessários para a consolidação do vocabulário
- O nível de conhecimento da língua pode ser estimado pelo número de palavras aprendidas

T&P Books Publishing
www.tpbooks.com

ISBN: 978-1-78767-393-9

Este livro também está disponível em formato E-book.
Por favor visite www.tpbooks.com ou as principais livrarias on-line.

VOCABULÁRIO PERSA
palavras mais úteis

Os vocabulários da T&P Books destinam-se a ajudar a aprender, a memorizar, e a rever palavras estrangeiras. O vocabulário contém mais de 5000 palavras de uso comum organizadas tematicamente.

O vocabulário contém as palavras mais comummente usadas
Recomendado como adicional para qualquer curso de línguas
Satisfaz as necessidades dos iniciados e dos alunos avançados de línguas estrangeiras
Conveniente para o uso diário, sessões de revisão e atividades de auto-teste
Permite avaliar o seu vocabulário

Características especias do vocabulário

*   As palavras estão organizadas de acordo com o seu significado, e não por ordem alfabética
*   As palavras são apresentadas em três colunas para facilitar os processos de revisão e auto-teste
*   As palavras compostas são divididas em pequenos blocos para facilitar o processo de aprendizagem
*   O vocabulário oferece uma transcrição simples e adequada de cada palavra estrangeira

O vocabulário contém 155 tópicos incluindo:

Conceitos básicos, Números, Cores, Meses, Estações do ano, Unidades de medida, Roupas & Acessórios, Alimentos & Nutrição, Restaurante, Membros da Família, Parentes, Caráter, Sentimentos, Emoções, Doenças, Cidade, Passeios, Compras, Dinheiro, Casa, Lar, Escritório, Trabalho no Escritório, Importação & Exportação, Marketing, Pesquisa de Emprego, Esportes, Educação, Computador, Internet, Ferramentas, Natureza, Países, Nacionalidades e muito mais ...

TABELA DE CONTEÚDOS

GUIA DE PRONUNCIAÇÃO

Alfabeto fonético T&P	Exemplo Persa	Exemplo Português
['] (ayn)	[da'vā] دعوا	fricativa faríngea sonora
['] (hamza)	[ta'id] تایید	oclusiva glotal
[a]	[ravad] رود	chamar
[ā]	[ātaš] آتش	rapaz
[b]	[bānk] بانک	barril
[č]	[čand] چند	Tchau!
[d]	[haštād] هشتاد	dentista
[e]	[ešq] عشق	metal
[f]	[fandak] فندک	safári
[g]	[logo] لوگو	gosto
[h]	[giyāh] گیاه	[h] aspirada
[i]	[jazire] جزیره	sinônimo
[j]	[jašn] جشن	adjetivo
[k]	[kāj] کاج	aquilo
[l]	[limu] لیمو	libra
[m]	[mājarā] ماجرا	magnólia
[n]	[norvež] نروژ	natureza
[o]	[gnlf] گلف	lobo
[p]	[operā] اپرا	presente
[q]	[lāqar] لاغر	agora
[r]	[raqam] رقم	riscar
[s]	[sup] سوپ	sanita
[š]	[duš] دوش	mês
[t]	[tarjome] ترجمه	tulipa
[u]	[niru] نیرو	bonita
[v]	[varšow] ورشو	fava
[w]	[rowšan] روشن	página web
[x]	[kāx] کاخ	fricativa uvular surda
[y]	[biyābān] بیابان	Vietnã
[z]	[zanjir] زنجیر	sésamo
[ž]	[žuan] ژوئن	talvez

9

ABREVIATURAS
usadas no vocabulário

Abreviaturas do Português

adj	-	adjetivo
adv	-	advérbio
anim.	-	animado
conj.	-	conjunção
desp.	-	esporte
etc.	-	Etcetera
ex.	-	por exemplo
f	-	nome feminino
f pl	-	feminino plural
fem.	-	feminino
inanim.	-	inanimado
m	-	nome masculino
m pl	-	masculino plural
m, f	-	masculino, feminino
masc.	-	masculino
mat.	-	matemática
mil.	-	militar
pl	-	plural
prep.	-	preposição
pron.	-	pronome
sb.	-	sobre
sing.	-	singular
v aux	-	verbo auxiliar
vi	-	verbo intransitivo
vi, vt	-	verbo intransitivo, transitivo
vr	-	verbo reflexivo
vt	-	verbo transitivo

CONCEITOS BÁSICOS

Conceitos básicos. Parte 1

1. Pronomes

eu	man	من
você	to	تو
ele, ela	u	او
nós	mã	ما
vocês	šomã	شما
eles, elas	ãn-hã	آنها

2. Cumprimentos. Saudações. Despedidas

Olá!	salãm	سلام
Bom dia!	sobh bexeyr	صبح بخیر
Boa tarde!	ruz bexeyr!	روز بخیر!
Boa noite!	asr bexeyr	عصربخیر
cumprimentar (vt)	salãm kardan	سلام کردن
Oi!	salãm	سلام
saudação (f)	salãm	سلام
saudar (vt)	salãm kardan	سلام کردن
Como você está?	haletãn četowr ast?	حالتان چطور است؟
Como vai?	četorid?	چطورید؟
E aí, novidades?	če xabar?	چه خبر؟
Tchau!	xodãhãfez	خداحافظ
Até logo!	bãy bãy	بای بای
Até breve!	be omid-e didãr!	به امید دیدار!
Adeus!	xodãhãfez!	خداحافظ!
despedir-se (dizer adeus)	xodãhãfezi kardan	خداحافظی کردن
Até mais!	tã bezudi!	تا بزودی!
Obrigado! -a!	motešakker-am!	متشکرم!
Muito obrigado! -a!	besyãr motešakker-am!	بسیار متشکرم!
De nada	xãheš mikonam	خواهش می کنم
Não tem de quê	tašakkor lãzem nist	تشکر لازم نیست
Não foi nada!	qãbel-i nadãrad	قابلی ندارد
Desculpa!	bebaxšid!	ببخشید!
desculpar (vt)	baxšidan	بخشیدن
desculpar-se (vr)	ozr xãstan	عذر خواستن
Me desculpe	ozr mixãham	عذرمی خواهم

Desculpe!	bebaxšid!	ببخشید!
perdoar (vt)	baxšidan	بخشیدن
Não faz mal	mohem nist	مهم نیست
por favor	lotfan	لطفاً

Não se esqueça!	farāmuš nakonid!	فراموش نکنید!
Com certeza!	albate!	البته!
Claro que não!	albate ke neh!	البته که نه!
Está bem! De acordo!	besyār xob!	بسیارخوب!
Chega!	bas ast!	بس است!

3. Como se dirigir a alguém

Desculpe ...	bebaxšid!	ببخشید!
senhor	āqā	آقا
senhora	xānom	خانم
senhorita	xānom	خانم
jovem	mard-e javān	مرد جوان
menino	pesar bače	پسر بچه
menina	doxtar bačče	دختربچه

4. Números cardinais. Parte 1

zero	sefr	صفر
um	yek	یک
dois	do	دو
três	se	سه
quatro	čāhār	چهار

cinco	panj	پنج
seis	šeš	شش
sete	haft	هفت
oito	hašt	هشت
nove	neh	نه

dez	dah	ده
onze	yāzdah	یازده
doze	davāzdah	دوازده
treze	sizdah	سیزده
catorze	čāhārdah	چهارده

quinze	pānzdah	پانزده
dezesseis	šānzdah	شانزده
dezessete	hefdah	هفده
dezoito	hijdah	هیجده
dezenove	nuzdah	نوزده

vinte	bist	بیست
vinte e um	bist-o yek	بیست ویک
vinte e dois	bist-o do	بیست ودو
vinte e três	bist-o se	بیست وسه
trinta	si	سی

trinta e um	si-yo yek	سی ویک
trinta e dois	si-yo do	سی ودو
trinta e três	si-yo se	سی وسه
quarenta	čehel	چهل
quarenta e um	čehel-o yek	چهل ویک
quarenta e dois	čehel-o do	چهل ودو
quarenta e três	čehel-o se	چهل وسه
cinquenta	panjāh	پنجاه
cinquenta e um	panjāh-o yek	پنجاه ویک
cinquenta e dois	panjāh-o do	پنجاه ودو
cinquenta e três	panjāh-o se	پنجاه وسه
sessenta	šast	شصت
sessenta e um	šast-o yek	شصت ویک
sessenta e dois	šast-o do	شصت ودو
sessenta e três	šast-o se	شصت وسه
setenta	haftād	هفتاد
setenta e um	haftād-o yek	هفتاد ویک
setenta e dois	haftād-o do	هفتاد ودو
setenta e três	haftād-o se	هفتاد وسه
oitenta	haštād	هشتاد
oitenta e um	haštād-o yek	هشتاد ویک
oitenta e dois	haštād-o do	هشتاد ودو
oitenta e três	haštād-o se	هشتاد وسه
noventa	navad	نود
noventa e um	navad-o yek	نود ویک
noventa e dois	navad-o do	نود ودو
noventa e três	navad-o se	نود وسه

5. Números cardinais. Parte 2

cem	sad	صد
duzentos	devist	دویست
trezentos	sisad	سیصد
quatrocentos	čāhārsad	چهارصد
quinhentos	pānsad	پانصد
seiscentos	šešsad	ششصد
setecentos	haftsad	هفتصد
oitocentos	haštsad	هشتصد
novecentos	nohsad	نهصد
mil	hezār	هزار
dois mil	dohezār	دوهزار
três mil	se hezār	سه هزار
dez mil	dah hezār	ده هزار
cem mil	sad hezār	صد هزار
um milhão	milyun	میلیون
um bilhão	milyārd	میلیارد

6. Números ordinais

primeiro (adj)	avvalin	اولین
segundo (adj)	dovvomin	دومین
terceiro (adj)	sevvomin	سومین
quarto (adj)	čāhāromin	چهارمین
quinto (adj)	panjomin	پنجمین
sexto (adj)	šešomin	ششمین
sétimo (adj)	haftomin	هفتمین
oitavo (adj)	haštomin	هشتمین
nono (adj)	nohomin	نهمین
décimo (adj)	dahomin	دهمین

7. Números. Frações

fração (f)	kasr	کسر
um meio	yek dovvom	یک دوم
um terço	yek sevvom	یک سوم
um quarto	yek čāhārom	یک چهارم
um oitavo	yek panjom	یک هشتم
um décimo	yek dahom	یک دهم
dois terços	do sevvom	دو سوم
três quartos	se čāhārrom	سه چهارم

8. Números. Operações básicas

subtração (f)	tafriq	تفریق
subtrair (vi, vt)	tafriq kardan	تفریق کردن
divisão (f)	taqsim	تقسیم
dividir (vt)	taqsim kardan	تقسیم کردن
adição (f)	jam'	جمع
somar (vt)	jam' kardan	جمع کردن
adicionar (vt)	ezāfe kardan	اضافه کردن
multiplicação (f)	zarb	ضرب
multiplicar (vt)	zarb kardan	ضرب کردن

9. Números. Diversos

algarismo, dígito (m)	raqam	رقم
número (m)	adad	عدد
numeral (m)	adadi	عددی
menos (m)	manfi	منفی
mais (m)	mosbat	مثبت
fórmula (f)	formul	فرمول
cálculo (m)	mohāsebe	محاسبه
contar (vt)	šemordan	شمردن

| calcular (vt) | mohāsebe kardan | محاسبه کردن |
| comparar (vt) | moqāyse kardan | مقایسه کردن |

Quanto, -os, -as?	čeqadr?	چقدر؟
soma (f)	jamʿ-e kol	جمع کل
resultado (m)	natije	نتیجه
resto (m)	bāqimānde	باقیمانده

alguns, algumas ...	čand	چند
pouco (~ tempo)	kami	کمی
resto (m)	baqiye	بقیه
um e meio	yek-o nim	یک و نیم
dúzia (f)	dojin	دوجین

ao meio	be do qesmat	به دو قسمت
em partes iguais	be tāsavi	به تساوی
metade (f)	nim	نیم
vez (f)	dafʿe	دفعه

10. Os verbos mais importantes. Parte 1

abrir (vt)	bāz kardan	باز کردن
acabar, terminar (vt)	be pāyān resāndan	به پایان رساندن
aconselhar (vt)	nasihat kardan	نصیحت کردن
adivinhar (vt)	hads zadan	حدس زدن
advertir (vt)	hošdār dādan	هشدار دادن

ajudar (vt)	komak kardan	کمک کردن
almoçar (vi)	nāhār xordan	ناهار خوردن
alugar (~ um apartamento)	ejāre kardan	اجاره کردن
amar (pessoa)	dust dāštan	دوست داشتن
ameaçar (vt)	tahdid kardan	تهدید کردن

anotar (escrever)	neveštan	نوشتن
apressar-se (vr)	ajale kardan	عجله کردن
arrepender-se (vr)	afsus xordan	افسوس خوردن
assinar (vt)	emzā kardan	امضا کردن
brincar (vi)	šuxi kardan	شوخی کردن

brincar, jogar (vi, vt)	bāzi kardan	بازی کردن
buscar (vt)	jostoju kardan	جستجو کردن
caçar (vi)	šekār kardan	شکار کردن
cair (vi)	oftādan	افتادن
cavar (vt)	kandan	کندن
chamar (~ por socorro)	komak xāstan	کمک خواستن

chegar (vi)	residan	رسیدن
chorar (vi)	gerye kardan	گریه کردن
começar (vt)	šoruʾ kardan	شروع کردن
comparar (vt)	moqāyse kardan	مقایسه کردن
concordar (dizer "sim")	movāfeqat kardan	موافقت کردن

| confiar (vt) | etminān kardan | اطمینان کردن |
| confundir (equivocar-se) | qāti kardan | قاطی کردن |

conhecer (vt)	šenāxtan	شناختن
contar (fazer contas)	šemordan	شمردن
contar com …	hesāb kardan	حساب کردن
continuar (vt)	edāme dādan	ادامه دادن

controlar (vt)	kontorol kardan	کنترل کردن
convidar (vt)	da'vat kardan	دعوت کردن
correr (vi)	davidan	دویدن
criar (vt)	ijād kardan	ایجاد کردن
custar (vt)	qeymat dāštan	قیمت داشتن

11. Os verbos mais importantes. Parte 2

dar (vt)	dādan	دادن
dar uma dica	sarnax dādan	سرنخ دادن
decorar (enfeitar)	tazyin kardan	تزیین کردن
defender (vt)	defā' kardan	دفاع کردن
deixar cair (vt)	andāxtan	انداختن

descer (para baixo)	pāyin āmadan	پایین آمدن
desculpar (vt)	baxšidan	بخشیدن
desculpar-se (vr)	ozr xāstan	عذر خواستن
dirigir (~ uma empresa)	edāre kardan	اداره کردن
discutir (notícias, etc.)	bahs kardan	بحث کردن

disparar, atirar (vi)	tirandāzi kardan	تیراندازی کردن
dizer (vt)	goftan	گفتن
duvidar (vt)	šok dāštan	شک داشتن
encontrar (achar)	peydā kardan	پیدا کردن
enganar (vt)	farib dādan	فریب دادن

entender (vt)	fahmidan	فهمیدن
entrar (na sala, etc.)	vāred šodan	وارد شدن
enviar (uma carta)	ferestādan	فرستادن
errar (enganar-se)	eštebāh kardan	اشتباه کردن
escolher (vt)	entexāb kardan	انتخاب کردن

esconder (vt)	penhān kardan	پنهان کردن
escrever (vt)	neveštan	نوشتن
esperar (aguardar)	montazer budan	منتظر بودن
esperar (ter esperança)	omid dāštan	امید داشتن
esquecer (vt)	farāmuš kardan	فراموش کردن

estudar (vt)	dars xāndan	درس خواندن
exigir (vt)	darxāst kardan	درخواست کردن
existir (vi)	vojud dāštan	وجود داشتن
explicar (vt)	touzih dādan	توضیح دادن

falar (vi)	harf zadan	حرف زدن
faltar (a la escuela, etc.)	qāyeb budan	غایب بودن
fazer (vt)	anjām dādan	انجام دادن
ficar em silêncio	sāket māndan	ساکت ماندن
gabar-se (vr)	be rox kešidan	به رخ کشیدن
gostar (apreciar)	dust dāštan	دوست داشتن

gritar (vi)	faryād zadan	فریاد زدن
guardar (fotos, etc.)	hefz kardan	حفظ کردن
informar (vt)	āgah kardan	آگاه کردن
insistir (vi)	esrār kardan	اصرار کردن

insultar (vt)	towhin kardan	توهین کردن
interessar-se (vr)	alāqe dāštan	علاقه داشتن
ir (a pé)	raftan	رفتن
ir nadar	ābtani kardan	آبتنی کردن
jantar (vi)	šām xordan	شام خوردن

12. Os verbos mais importantes. Parte 3

ler (vt)	xāndan	خواندن
libertar, liberar (vt)	āzād kardan	آزاد کردن
matar (vt)	koštan	کشتن
mencionar (vt)	zekr kardan	ذکر کردن
mostrar (vt)	nešān dādan	نشان دادن

mudar (modificar)	avaz kardan	عوض کردن
nadar (vi)	šenā kardan	شنا کردن
negar-se a … (vr)	rad kardan	رد کردن
objetar (vt)	moxalefat kardan	مخالفت کردن

observar (vt)	mošāhede kardan	مشاهده کردن
ordenar (mil.)	farmān dādan	فرمان دادن
ouvir (vt)	šenidan	شنیدن
pagar (vt)	pardāxtan	پرداختن
parar (vi)	motevaghef šhodan	متوقف شدن

parar, cessar (vt)	bas kardan	بس کردن
participar (vi)	šerekat kardan	شرکت کردن
pedir (comida, etc.)	sefāreš dādan	سفارش دادن
pedir (um favor, etc.)	xāstan	خواستن
pegar (tomar)	bardāštan	برداشتن

pegar (uma bola)	gereftan	گرفتن
pensar (vi, vt)	fekr kardan	فکر کردن
perceber (ver)	motevajjeh šodan	متوجه شدن
perdoar (vt)	baxšidan	بخشیدن
perguntar (vt)	porsidan	پرسیدن

permitir (vt)	ejāze dādan	اجازه دادن
pertencer a … (vi)	ta'alloq dāštan	تعلق داشتن
planejar (vt)	barnāmerizi kardan	برنامه ریزی کردن
poder (~ fazer algo)	tavānestan	توانستن
possuir (uma casa, etc.)	sāheb budan	صاحب بودن

preferir (vt)	tarjih dādan	ترجیح دادن
preparar (vt)	poxtan	پختن
prever (vt)	pišbini kardan	پیش بینی کردن
prometer (vt)	qowl dādan	قول دادن
pronunciar (vt)	talaffoz kardan	تلفظ کردن
propor (vt)	pišnahād dādan	پیشنهاد دادن

punir (castigar)	tanbih kardan	تنبیه کردن
quebrar (vt)	šekastan	شکستن
queixar-se de ...	šekāyat kardan	شکایت کردن
querer (desejar)	xāstan	خواستن

13. Os verbos mais importantes. Parte 4

ralhar, repreender (vt)	da'vā kardan	دعوا کردن
recomendar (vt)	towsie kardan	توصیه کردن
repetir (dizer outra vez)	tekrār kardan	تکرار کردن
reservar (~ um quarto)	rezerv kardan	رزرو کردن
responder (vt)	javāb dādan	جواب دادن

rezar, orar (vi)	do'ā kardan	دعا کردن
rir (vi)	xandidan	خندیدن
roubar (vt)	dozdidan	دزدیدن
saber (vt)	dānestan	دانستن
sair (~ de casa)	birun raftan	بیرون رفتن

salvar (resgatar)	najāt dādan	نجات دادن
seguir (~ alguém)	donbāl kardan	دنبال کردن
sentar-se (vr)	nešastan	نشستن
ser necessário	hāmi budan	حامی بودن

ser, estar	budan	بودن
significar (vt)	ma'ni dāštan	معنی داشتن
sorrir (vi)	labxand zadan	لبخند زدن
subestimar (vt)	dast-e kam gereftan	دست کم گرفتن
surpreender-se (vr)	mote'ajjeb šodan	متعجب شدن

tentar (~ fazer)	talāš kardan	تلاش کردن
ter (vt)	dāštan	داشتن
ter fome	gorosne budan	گرسنه بودن

ter medo	tarsidan	ترسیدن
ter sede	tešne budan	تشنه بودن
tocar (com as mãos)	lams kardan	لمس کردن
tomar café da manhã	sobhāne xordan	صبحانه خوردن
trabalhar (vi)	kār kardan	کار کردن
traduzir (vt)	tarjome kardan	ترجمه کردن

unir (vt)	mottahed kardan	متحد کردن
vender (vt)	foruxtan	فروختن
ver (vt)	didan	دیدن
virar (~ para a direita)	pičidan	پیچیدن
voar (vi)	parvāz kardan	پرواز کردن

14. Cores

cor (f)	rang	رنگ
tom (m)	teyf-e rang	طیف رنگ
tonalidade (m)	rangmaye	رنگمایه

arco-íris (m)	rangin kamān	رنگین کمان
branco (adj)	sefid	سفید
preto (adj)	siyāh	سیاه
cinza (adj)	xākestari	خاکستری

verde (adj)	sabz	سبز
amarelo (adj)	zard	زرد
vermelho (adj)	sorx	سرخ

azul (adj)	abi	آبی
azul claro (adj)	ābi rowšan	آبی روشن
rosa (adj)	surati	صورتی
laranja (adj)	nārenji	نارنجی
violeta (adj)	banafš	بنفش
marrom (adj)	qahve i	قهوه ای

| dourado (adj) | talāyi | طلایی |
| prateado (adj) | noqre i | نقره ای |

bege (adj)	baž	بژ
creme (adj)	kerem	کرم
turquesa (adj)	firuze i	فیروزه ای
vermelho cereja (adj)	ālbāluyi	آلبالویی
lilás (adj)	banafš yasi	بنفش یاسی
carmim (adj)	zereški	زرشکی

claro (adj)	rowšan	روشن
escuro (adj)	tire	تیره
vivo (adj)	rowšan	روشن

de cor	rangi	رنگی
a cores	rangi	رنگی
preto e branco (adj)	siyāh-o sefid	سیاه و سفید
unicolor (de uma só cor)	yek rang	یک رنگ
multicolor (adj)	rangārang	رنگارنگ

15. Questões

Quem?	če kas-i?	چه کسی؟
O que?	če čiz-i?	چه چیزی؟
Onde?	kojā?	کجا؟
Para onde?	kojā?	کجا؟
De onde?	az kojā?	از کجا؟
Quando?	če vaqt?	چه وقت؟
Para quê?	čerā?	چرا؟
Por quê?	čerā?	چرا؟

Para quê?	barā-ye če?	برای چه؟
Como?	četor?	چطور؟
Qual (~ é o problema?)	kodām?	کدام؟
Qual (~ deles?)	kodām?	کدام؟

| A quem? | barā-ye ki? | برای کی؟ |
| De quem? | dar bāre-ye ki? | درباره کی؟ |

| Do quê? | darbāre-ye či? | دربارهچی؟ |
| Com quem? | bā ki? | با کی؟ |

| Quanto, -os, -as? | čeqadr? | چقدر؟ |
| De quem (~ é isto?) | māl-e ki? | مال کی؟ |

16. Preposições

com (prep.)	bā	با
sem (prep.)	bedune	بدون
a, para (exprime lugar)	be	به
sobre (ex. falar ~)	rāje' be	راجع به
antes de ...	piš az	پیش از
em frente de ...	dar moqābel	در مقابل

debaixo de ...	zir	زیر
sobre (em cima de)	bālā-ye	بالای
em ..., sobre ...	ruy	روی
de, do (sou ~ Rio de Janeiro)	az	از
de (feito ~ pedra)	az	از

| em (~ 3 dias) | tā | تا |
| por cima de ... | az bālāye | از بالای |

17. Palavras funcionais. Advérbios. Parte 1

Onde?	kojā?	کجا؟
aqui	in jā	این جا
lá, ali	ānjā	آنجا

| em algum lugar | jā-yi | جایی |
| em lugar nenhum | hič kojā | هیچ کجا |

| perto de ... | nazdik | نزدیک |
| perto da janela | nazdik panjere | نزدیک پنجره |

Para onde?	kojā?	کجا؟
aqui	in jā	این جا
para lá	ānjā	آنجا
daqui	az injā	از اینجا
de lá, dali	az ānjā	از آنجا

| perto | nazdik | نزدیک |
| longe | dur | دور |

perto de ...	nazdik	نزدیک
à mão, perto	nazdik	نزدیک
não fica longe	nazdik	نزدیک

esquerdo (adj)	čap	چپ
à esquerda	dast-e čap	دست چپ
para a esquerda	be čap	به چپ

direito (adj)	rãst	راست
à direita	dast-e rãst	دست راست
para a direita	be rãst	به راست
em frente	jelo	جلو
da frente	jelo	جلو
adiante (para a frente)	jelo	جلو
atrás de ...	aqab	عقب
de trás	az aqab	از عقب
para trás	aqab	عقب
meio (m), metade (f)	vasat	وسط
no meio	dar vasat	در وسط
do lado	pahlu	پهلو
em todo lugar	hame jã	همه جا
por todos os lados	atrãf	اطراف
de dentro	az daxel	از داخل
para algum lugar	jã-yi	جایی
diretamente	mostaqim	مستقیم
de volta	aqab	عقب
de algum lugar	az har jã	از هر جا
de algum lugar	az yek jã-yi	از یک جایی
em primeiro lugar	avvalan	اولاً
em segundo lugar	dumã	دوما
em terceiro lugar	sãlesan	ثالثاً
de repente	nãgahãn	ناگهان
no início	dar avval	در اول
pela primeira vez	barã-ye avvalin bãr	برای اولین بار
muito antes de ...	xeyli vaqt piš	خیلی وقت پیش
de novo	az now	از نو
para sempre	barã-ye hamiše	برای همیشه
nunca	hič vaqt	هیچ وقت
de novo	dobãre	دوباره
agora	alãn	الان
frequentemente	aqlab	اغلب
então	ãn vaqt	آن وقت
urgentemente	foran	فوراً
normalmente	ma'mulan	معمولاً
a propósito, ...	rãst-i	راستی
é possível	momken ast	ممکن است
provavelmente	ehtemãlan	احتمالاً
talvez	šãyad	شاید
além disso, ...	bealãve	بعلاوه
por isso ...	be hamin xãter	به همین خاطر
apesar de ...	alãraqm	علیرغم
graças a ...	be lotf	به لطف
que (pron.)	če?	چه؟
que (conj.)	ke	که

algo	yek čiz-i	یک چیزی
alguma coisa	yek kāri	یک کاری
nada	hič čiz	هیچ چیز

quem	ki	کی
alguém (~ que …)	yek kas-i	یک کسی
alguém (com ~)	yek kas-i	یک کسی

ninguém	hič kas	هیچ کس
para lugar nenhum	hič kojā	هیچ کجا
de ninguém	māl-e hičkas	مال هیچ کس
de alguém	har kas-i	هر کسی

tão	xeyli	خیلی
também (gostaria ~ de …)	ham	هم
também (~ eu)	ham	هم

18. Palavras funcionais. Advérbios. Parte 2

Por quê?	čerā?	چرا؟
por alguma razão	be dalil-i	به دلیلی
porque …	čon	چون
por qualquer razão	barā-ye maqsudi	برای مقصودی

e (tu ~ eu)	va	و
ou (ser ~ não ser)	yā	یا
mas (porém)	ammā	اما
para (~ a minha mãe)	barā-ye	برای

muito, demais	besyār	بسیار
só, somente	faqat	فقط
exatamente	daqiqan	دقیقا
cerca de (~ 10 kg)	taqriban	تقریباً

aproximadamente	taqriban	تقریباً
aproximado (adj)	taqribi	تقریبی
quase	taqriban	تقریباً
resto (m)	baqiye	بقیه

o outro (segundo)	digar	دیگر
outro (adj)	digar	دیگر
cada (adj)	har	هر
qualquer (adj)	har	هر
muito, muitos, muitas	ziyād	زیاد
muitas pessoas	besyāri	بسیاری
todos	hame	همه

em troca de …	dar avaz	در عوض
em troca	dar barābar	در برابر
à mão	dasti	دستی
pouco provável	baid ast	بعید است

| provavelmente | ehtemālan | احتمالاً |
| de propósito | amdan | عمداً |

por acidente	tasādofi	تصادفى
muito	besyār	بسيار
por exemplo	masalan	مثلاً
entre	beyn	بين
entre (no meio de)	miyān	ميان
tanto	in qadr	اين قدر
especialmente	maxsusan	مخصوصاً

Conceitos básicos. Parte 2

19. Dias da semana

segunda-feira (f)	došanbe	دوشنبه
terça-feira (f)	se šanbe	سه شنبه
quarta-feira (f)	čāhāršanbe	چهارشنبه
quinta-feira (f)	panj šanbe	پنج شنبه
sexta-feira (f)	jom'e	جمعه
sábado (m)	šanbe	شنبه
domingo (m)	yek šanbe	یک شنبه
hoje	emruz	امروز
amanhã	fardā	فردا
depois de amanhã	pas fardā	پس فردا
ontem	diruz	دیروز
anteontem	pariruz	پریروز
dia (m)	ruz	روز
dia (m) de trabalho	ruz-e kāri	روز کاری
feriado (m)	ruz-e jašn	روز جشن
dia (m) de folga	ruz-e ta'til	روز تعطیل
fim (m) de semana	āxar-e hafte	آخر هفته
o dia todo	tamām-e ruz	تمام روز
no dia seguinte	ruz-e ba'd	روز بعد
há dois dias	do ruz-e piš	دو روز پیش
na véspera	ruz-e qabl	روز قبل
diário (adj)	ruzāne	روزانه
todos os dias	har ruz	هر روز
semana (f)	hafte	هفته
na semana passada	hafte-ye gozašte	هفته گذشته
semana que vem	hafte-ye āyande	هفته آینده
semanal (adj)	haftegi	هفتگی
toda semana	har hafte	هر هفته
duas vezes por semana	do bār dar hafte	دو بار درهفته
toda terça-feira	har sešanbe	هر سه شنبه

20. Horas. Dia e noite

manhã (f)	sobh	صبح
de manhã	sobh	صبح
meio-dia (m)	zohr	ظهر
à tarde	ba'd az zohr	بعد ازظهر
tardinha (f)	asr	عصر
à tardinha	asr	عصر

noite (f)	šab	شب
à noite	šab	شب
meia-noite (f)	nesfe šab	نصفه شب

segundo (m)	sānie	ثانیه
minuto (m)	daqiqe	دقیقه
hora (f)	sā'at	ساعت
meia hora (f)	nim sā'at	نیم ساعت
quarto (m) de hora	yek rob'	یک ربع
quinze minutos	pānzdah daqiqe	پانزده دقیقه
vinte e quatro horas	šabāne ruz	شبانه روز

nascer (m) do sol	tolu-'e āftāb	طلوع آفتاب
amanhecer (m)	sahar	سحر
madrugada (f)	sobh-e zud	صبح زود
pôr-do-sol (m)	qorub	غروب

de madrugada	sobh-e zud	صبح زود
esta manhã	emruz sobh	امروز صبح
amanhã de manhã	fardā sobh	فردا صبح

esta tarde	emruz zohr	امروز ظهر
à tarde	ba'd az zohr	بعد ازظهر
amanhã à tarde	fardā ba'd az zohr	فردا بعد ازظهر

esta noite, hoje à noite	emšab	امشب
amanhã à noite	fardā šab	فردا شب

às três horas em ponto	sar-e sā'at-e se	سر ساعت ۳
por volta das quatro	nazdik-e sā'at-e čāhār	نزدیک ساعت ۴
às doze	nazdik zohr	نزدیک ظهر

em vinte minutos	bist daqiqe-ye digar	۲۰ دقیقه دیگر
em uma hora	yek sā'at-e digar	یک ساعت دیگر
a tempo	be moqe'	به موقع

... um quarto para	yek rob' be	یک ربع به
dentro de uma hora	yek sā'at-e digar	یک ساعت دیگر
a cada quinze minutos	har pānzdah daqiqe	هر ۵۱ دقیقه
as vinte e quatro horas	šabāne ruz	شبانه روز

21. Meses. Estações

janeiro (m)	žānvie	ژانویه
fevereiro (m)	fevriye	فوریه
março (m)	mārs	مارس
abril (m)	āvril	آوریل
maio (m)	meh	مه
junho (m)	žuan	ژوئن

julho (m)	žuiye	ژوئیه
agosto (m)	owt	اوت
setembro (m)	septāmbr	سپتامبر
outubro (m)	oktobr	اکتبر

| novembro (m) | novāmbr | نوامبر |
| dezembro (m) | desāmr | دسامبر |

primavera (f)	bahār	بهار
na primavera	dar bahār	در بهار
primaveril (adj)	bahāri	بهاری

verão (m)	tābestān	تابستان
no verão	dar tābestān	در تابستان
de verão	tābestāni	تابستانی

outono (m)	pāyiz	پاییز
no outono	dar pāyiz	در پاییز
outonal (adj)	pāyizi	پاییزی

inverno (m)	zemestān	زمستان
no inverno	dar zemestān	در زمستان
de inverno	zemestāni	زمستانی

mês (m)	māh	ماه
este mês	in māh	این ماه
mês que vem	māh-e āyande	ماه آینده
no mês passado	māh-e gozašte	ماه گذشته

um mês atrás	yek māh qabl	یک ماه قبل
em um mês	yek māh digar	یک ماه دیگر
em dois meses	do māh-e digar	۲ماه دیگر
todo o mês	tamām-e māh	تمام ماه
um mês inteiro	tamām-e māh	تمام ماه

mensal (adj)	māhāne	ماهانه
mensalmente	māhāne	ماهانه
todo mês	har māh	هر ماه
duas vezes por mês	do bār dar māh	دو بار درماه

ano (m)	sāl	سال
este ano	emsāl	امسال
ano que vem	sāl-e āyande	سال آینده
no ano passado	sāl-e gozašte	سال گذشته

há um ano	yek sāl qabl	یک سال قبل
em um ano	yek sāl-e digar	یک سال دیگر
dentro de dois anos	do sāl-e digar	۲سال دیگر
todo o ano	tamām-e sāl	تمام سال
um ano inteiro	tamām-e sāl	تمام سال

cada ano	har sāl	هر سال
anual (adj)	sālāne	سالانه
anualmente	sālāne	سالانه
quatro vezes por ano	čāhār bār dar sāl	چهار بار در سال

data (~ de hoje)	tārix	تاریخ
data (ex. ~ de nascimento)	tārix	تاریخ
calendário (m)	taqvim	تقویم
meio ano	nim sāl	نیم سال
seis meses	nim sāl	نیم سال

| estação (f) | fasl | فصل |
| século (m) | qarn | قرن |

22. Unidades de medida

peso (m)	vazn	وزن
comprimento (m)	tul	طول
largura (f)	arz	عرض
altura (f)	ertefā‘	ارتفاع
profundidade (f)	omq	عمق
volume (m)	hajm	حجم
área (f)	masāhat	مساحت

grama (m)	garm	گرم
miligrama (m)	mili geram	میلی گرم
quilograma (m)	kilugeram	کیلوگرم
tonelada (f)	ton	تن
libra (453,6 gramas)	pond	پوند
onça (f)	ons	اونس

metro (m)	metr	متر
milímetro (m)	mili metr	میلی متر
centímetro (m)	sāntimetr	سانتیمتر
quilômetro (m)	kilumetr	کیلومتر
milha (f)	māyel	مایل

polegada (f)	inč	اینچ
pé (304,74 mm)	fowt	فوت
jarda (914,383 mm)	yārd	یارد

| metro (m) quadrado | metr morabba‘ | متر مربع |
| hectare (m) | hektār | هکتار |

litro (m)	litr	لیتر
grau (m)	daraje	درجه
volt (m)	volt	ولت
ampère (m)	āmper	آمپر
cavalo (m) de potência	asb-e boxār	اسب بخار

quantidade (f)	meqdār	مقدار
um pouco de ...	kami	کمی
metade (f)	nim	نیم

| dúzia (f) | dojin | دوجین |
| peça (f) | tā | تا |

| tamanho (m), dimensão (f) | andāze | اندازه |
| escala (f) | meqyās | مقیاس |

mínimo (adj)	haddeaqal	حداقل
menor, mais pequeno	kučaktarin	کوچکترین
médio (adj)	motevasset	متوسط
máximo (adj)	haddeaksar	حداکثر
maior, mais grande	bištarin	بیشترین

23. Recipientes

pote (m) de vidro	šišeh konserv	شیشه کنسرو
lata (~ de cerveja)	quti	قوطی
balde (m)	satl	سطل
barril (m)	boške	بشکه
bacia (~ de plástico)	tašt	تشت
tanque (m)	maxzan	مخزن
cantil (m) de bolso	qomqome	قمقمه
galão (m) de gasolina	dabbe	دبه
cisterna (f)	maxzan	مخزن
caneca (f)	livān	لیوان
xícara (f)	fenjān	فنجان
pires (m)	na'lbeki	نعلبکی
copo (m)	estekān	استکان
taça (f) de vinho	gilās-e šarāb	گیلاس شراب
panela (f)	qāblame	قابلمه
garrafa (f)	botri	بطری
gargalo (m)	gardan-e botri	گردن بطری
jarra (f)	tong	تنگ
jarro (m)	pārč	پارچ
recipiente (m)	zarf	ظرف
pote (m)	sofāl	سفال
vaso (m)	goldān	گلدان
frasco (~ de perfume)	botri	بطری
frasquinho (m)	viyāl	ویال
tubo (m)	tiyub	تیوب
saco (ex. ~ de açúcar)	kise	کیسه
sacola (~ plastica)	pākat	پاکت
maço (de cigarros, etc.)	baste	بسته
caixa (~ de sapatos, etc.)	ja'be	جعبه
caixote (~ de madeira)	sanduq	صندوق
cesto (m)	sabad	سبد

O SER HUMANO

O ser humano. O corpo

24. Cabeça

cabeça (f)	sar	سر
rosto, cara (f)	surat	صورت
nariz (m)	bini	بینی
boca (f)	dahān	دهان
olho (m)	češm	چشم
olhos (m pl)	češm-hā	چشم ها
pupila (f)	mardomak	مردمک
sobrancelha (f)	abru	ابرو
cílio (f)	može	مژه
pálpebra (f)	pelek	پلک
língua (f)	zabān	زبان
dente (m)	dandān	دندان
lábios (m pl)	lab-hā	لب ها
maçãs (f pl) do rosto	ostexānhā-ye gune	استخوان های گونه
gengiva (f)	lase	لثه
palato (m)	saqf-e dahān	سقف دهان
narinas (f pl)	surāxhā-ye bini	سوراخ های بینی
queixo (m)	čāne	چانه
mandíbula (f)	fak	فک
bochecha (f)	gune	گونه
testa (f)	pišāni	پیشانی
têmpora (f)	gijgāh	گیجگاه
orelha (f)	guš	گوش
costas (f pl) da cabeça	pas gardan	پس گردن
pescoço (m)	gardan	گردن
garganta (f)	galu	گلو
cabelo (m)	mu-hā	مو ها
penteado (m)	model-e mu	مدل مو
corte (m) de cabelo	model-e mu	مدل مو
peruca (f)	kolāh-e gis	کلاه گیس
bigode (m)	sebil	سبیل
barba (f)	riš	ریش
ter (~ barba, etc.)	gozāštan	گذاشتن
trança (f)	muy-ye bāfte	موی بافته
suíças (f pl)	xatt-e riš	خط ریش
ruivo (adj)	muqermez	موقرمز
grisalho (adj)	sefid-e mu	سفید مو

careca (adj)	tãs	طاس
calva (f)	tãsi	طاسی
rabo-de-cavalo (m)	dom-e asbi	دم اسبی
franja (f)	čatri	چتری

25. Corpo humano

mão (f)	dast	دست
braço (m)	bāzu	بازو
dedo (m)	angošt	انگشت
dedo (m) do pé	šast-e pā	شصت پا
polegar (m)	šost	شست
dedo (m) mindinho	angošt-e kučak	انگشت کوچک
unha (f)	nāxon	ناخن
punho (m)	mošt	مشت
palma (f)	kaf-e dast	کف دست
pulso (m)	moč-e dast	مچ دست
antebraço (m)	sā'ed	ساعد
cotovelo (m)	āranj	آرنج
ombro (m)	ketf	کتف
perna (f)	pā	پا
pé (m)	pā	پا
joelho (m)	zānu	زانو
panturrilha (f)	sāq	ساق
quadril (m)	rān	ران
calcanhar (m)	pāšne-ye pā	پاشنۀ پا
corpo (m)	badan	بدن
barriga (f), ventre (m)	šekam	شکم
peito (m)	sine	سینه
seio (m)	sine	سینه
lado (m)	pahlu	پهلو
costas (dorso)	pošt	پشت
região (f) lombar	kamar	کمر
cintura (f)	dur-e kamar	دور کمر
umbigo (m)	nāf	ناف
nádegas (f pl)	nešiman-e gāh	نشیمن گاه
traseiro (m)	bāsan	باسن
sinal (m), pinta (f)	xāl	خال
sinal (m) de nascença	xāl-e mādarzād	خال مادرزاد
tatuagem (f)	xāl kubi	خال کوبی
cicatriz (f)	jā-ye zaxm	جای زخم

Vestuário & Acessórios

26. Roupa exterior. Casacos

roupa (f)	lebās	لباس
roupa (f) exterior	lebās-e ru	لباس رو
roupa (f) de inverno	lebās-e zemestāni	لباس زمستانی
sobretudo (m)	pāltow	پالتو
casaco (m) de pele	pālto-ye pustin	پالتوی پوستین
jaqueta (f) de pele	kot-e pustin	کت پوستین
casaco (m) acolchoado	kāpšan	کاپشن
casaco (m), jaqueta (f)	kot	کت
impermeável (m)	bārāni	بارانی
a prova d'água	zed-e āb	ضد آب

27. Vestuário de homem & mulher

camisa (f)	pirāhan	پیراهن
calça (f)	šalvār	شلوار
jeans (m)	jin	جین
paletó, terno (m)	kot	کت
terno (m)	kat-o šalvār	کت و شلوار
vestido (ex. ~ de noiva)	lebās	لباس
saia (f)	dāman	دامن
blusa (f)	boluz	بلوز
casaco (m) de malha	jeliqe-ye kešbāf	جلیقه کشباف
casaco, blazer (m)	kot	کت
camiseta (f)	tey šarr-at	تی شرت
short (m)	šalvarak	شلوارک
training (m)	lebās-e varzeši	لباس ورزشی
roupão (m) de banho	howle-ye hamām	حوله حمام
pijama (m)	pižāme	پیژامه
suéter (m)	poliver	پلیور
pulôver (m)	poliver	پلیور
colete (m)	jeliqe	جلیقه
fraque (m)	kat-e dāman gerd	کت دامن گرد
smoking (m)	esmoking	اسموکینگ
uniforme (m)	oniform	اونیفورم
roupa (f) de trabalho	lebās-e kār	لباس کار
macacão (m)	rupuš	روپوش
jaleco (m), bata (f)	rupuš	روپوش

28. Vestuário. Roupa interior

roupa (f) íntima	lebās-e zir	لباس زير
cueca boxer (f)	šort-e bākser	شورت باكسر
calcinha (f)	šort-e zanāne	شورت زنانه
camiseta (f)	zir-e pirāhan-i	زير پيراهنى
meias (f pl)	jurāb	جوراب
camisola (f)	lebās-e xāb	لباس خواب
sutiã (m)	sine-ye band	سينه بند
meias longas (f pl)	sāq	ساق
meias-calças (f pl)	jurāb-e šalvāri	جوراب شلوارى
meias (~ de nylon)	jurāb-e sāqeboland	جوراب ساقه بلند
maiô (m)	māyo	مايو

29. Adereços de cabeça

chapéu (m), touca (f)	kolāh	كلاه
chapéu (m) de feltro	šāpo	شاپو
boné (m) de beisebol	kolāh beysbāl	كلاه بيس بال
boina (~ italiana)	kolāh-e taxt	كلاه تخت
boina (ex. ~ basca)	kolāh barre	كلاه بره
capuz (m)	kolāh-e bārāni	كلاه بارانى
chapéu panamá (m)	kolāh-e dowre-ye boland	كلاه دوره بلند
touca (f)	kolāh-e bāftani	كلاه بافتنى
lenço (m)	rusari	روسرى
chapéu (m) feminino	kolāh-e zanāne	كلاه زنانه
capacete (m) de proteção	kolāh-e imeni	كلاه ايمنى
bibico (m)	kolāh-e pādegān	كلاه پادگان
capacete (m)	kolāh-e imeni	كلاه ايمنى
chapéu-coco (m)	kolāh-e namadi	كلاه نمدى
cartola (f)	kolāh-e ostovānei	كلاه استوانه اى

30. Calçado

calçado (m)	kafš	كفش
botinas (f pl), sapatos (m pl)	putin	پوتين
sapatos (de salto alto, etc.)	kafš	كفش
botas (f pl)	čakme	چكمه
pantufas (f pl)	dampāyi	دمپايى
tênis (~ Nike, etc.)	kafš katān-i	كفش كتانى
tênis (~ Converse)	kafš katān-i	كفش كتانى
sandálias (f pl)	sandal	صندل
sapateiro (m)	kaffāš	كفاش
salto (m)	pāšne-ye kafš	پاشنهٔ كفش

par (m)	yek joft	یک جفت
cadarço (m)	band-e kafš	بند کفش
amarrar os cadarços	band-e kafš bastan	بند کفش بستن
calçadeira (f)	pāšne keš	پاشنه کش
graxa (f) para calçado	vāks	واکس

31. Acessórios pessoais

luva (f)	dastkeš	دستکش
mitenes (f pl)	dastkeš-e yek angošti	دستکش یک انگشتی
cachecol (m)	šāl-e gardan	شال گردن
óculos (m pl)	eynak	عینک
armação (f)	qāb	قاب
guarda-chuva (m)	čatr	چتر
bengala (f)	asā	عصا
escova (f) para o cabelo	bores-e mu	برس مو
leque (m)	bādbezan	بادبزن
gravata (f)	kerāvāt	کراوات
gravata-borboleta (f)	pāpiyon	پاپیون
suspensórios (m pl)	band šalvār	بند شلوار
lenço (m)	dastmāl	دستمال
pente (m)	šāne	شانه
fivela (f) para cabelo	sanjāq-e mu	سنجاق مو
grampo (m)	sanjāq-e mu	سنجاق مو
fivela (f)	sagak	سگک
cinto (m)	kamarband	کمربند
alça (f) de ombro	tasme	تسمه
bolsa (f)	keyf	کیف
bolsa (feminina)	keyf-e zanāne	کیف زنانه
mochila (f)	kule pošti	کوله پشتی

32. Vestuário. Diversos

moda (f)	mod	مد
na moda (adj)	mod	مد
estilista (m)	tarrāh-e lebas	طراح لباس
colarinho (m)	yaqe	یقه
bolso (m)	jib	جیب
de bolso	jibi	جیبی
manga (f)	āstin	آستین
ganchinho (m)	band-e āviz	بند آویز
bragueta (f)	zip	زیپ
zíper (m)	zip	زیپ
colchete (m)	sagak	سگک
botão (m)	dokme	دکمه

botoeira (casa de botão)	surãx-e dokme	سوراخ دکمه
soltar-se (vr)	kande šodan	کنده شدن

costurar (vi)	duxtan	دوختن
bordar (vt)	golduzi kardan	گلدوزی کردن
bordado (m)	golduzi	گلدوزی
agulha (f)	suzan	سوزن
fio, linha (f)	nax	نخ
costura (f)	darz	درز

sujar-se (vr)	kasif šodan	کثیف شدن
mancha (f)	lakke	لکه
amarrotar-se (vr)	čoruk šodan	چروک شدن
rasgar (vt)	pãre kardan	پاره کردن
traça (f)	šab parre	شب پره

33. Cuidados pessoais. Cosméticos

pasta (f) de dente	xamir-e dandãn	خمیر دندان
escova (f) de dente	mesvãk	مسواک
escovar os dentes	mesvãk zadan	مسواک زدن

gilete (f)	tiq	تیغ
creme (m) de barbear	kerem-e riš tarãši	کرم ریش تراشی
barbear-se (vr)	riš tarãšidan	ریش تراشیدن

sabonete (m)	sãbun	صابون
xampu (m)	šãmpu	شامپو

tesoura (f)	qeyči	قیچی
lixa (f) de unhas	sohan-e nãxon	سوهان ناخن
corta-unhas (m)	nãxon gir	ناخن گیر
pinça (f)	mučin	موچین

cosméticos (m pl)	lavãzem-e ãrãyeši	لوازم آرایشی
máscara (f)	mãsk	ماسک
manicure (f)	mãnikur	مانیکور
fazer as unhas	mãnikur kardan	مانیکور کردن
pedicure (f)	pedikur	پدیکور

bolsa (f) de maquiagem	kife lavãzem-e ãrãyeši	کیف لوازم آرایشی
pó (de arroz)	pudr	پودر
pó (m) compacto	ja'be-ye pudr	جعبۀ پودر
blush (m)	sorxãb	سرخاب

perfume (m)	atr	عطر
água-de-colônia (f)	atr	عطر
loção (f)	losiyon	لوسیون
colônia (f)	odkolon	اودکلن

sombra (f) de olhos	sãye-ye češm	سایه چشم
delineador (m)	medãd čašm	مداد چشم
máscara (f), rímel (m)	rimel	ریمل
batom (m)	mãtik	ماتیک

esmalte (m)	lāk-e nāxon	لاک ناخن
laquê (m), spray fixador (m)	esperey-ye mu	اسپری مو
desodorante (m)	deodyrant	دئودورانت
creme (m)	kerem	کرم
creme (m) de rosto	kerem-e surat	کرم صورت
creme (m) de mãos	kerem-e dast	کرم دست
creme (m) antirrugas	kerem-e zedd-e čoruk	کرم ضد چروک
creme (m) de dia	kerem-e ruz	کرم روز
creme (m) de noite	kerem-e šab	کرم شب
de dia	ruzāne	روزانه
da noite	šab	شب
absorvente (m) interno	tāmpon	تامپون
papel (m) higiênico	kāqaz-e tuālet	کاغذ توالت
secador (m) de cabelo	sešovār	سشوار

34. Relógios de pulso. Relógios

relógio (m) de pulso	sā'at-e moči	ساعت مچی
mostrador (m)	safhe-ye sā'at	صفحهٔ ساعت
ponteiro (m)	aqrabe	عقربه
bracelete (em aço)	band-e sāat	بند ساعت
bracelete (em couro)	band-e čarmi	بند چرمی
pilha (f)	bātri	باطری
acabar (vi)	tamām šodan bātri	تمام شدن باطری
trocar a pilha	bātri avaz kardan	باطری عوض کردن
estar adiantado	jelo oftādan	جلو افتادن
estar atrasado	aqab māndan	عقب ماندن
relógio (m) de parede	sā'at-e divāri	ساعت دیواری
ampulheta (f)	sā'at-e šeni	ساعت شنی
relógio (m) de sol	sā'at-e āftābi	ساعت آفتابی
despertador (m)	sā'at-e zang dār	ساعت زنگ دار
relojoeiro (m)	sā'at sāz	ساعت ساز
reparar (vt)	ta'mir kardan	تعمیر کردن

Alimentação. Nutrição

35. Comida

carne (f)	gušt	گوشت
galinha (f)	morq	مرغ
frango (m)	juje	جوجه
pato (m)	ordak	اردک
ganso (m)	qāz	غاز
caça (f)	gušt-e šekār	گوشت شکار
peru (m)	gušt-e buqalamun	گوشت بوقلمون
carne (f) de porco	gušt-e xuk	گوشت خوک
carne (f) de vitela	gušt-e gusāle	گوشت گوساله
carne (f) de carneiro	gušt-e gusfand	گوشت گوسفند
carne (f) de vaca	gušt-e gāv	گوشت گاو
carne (f) de coelho	xarguš	خرگوش
linguiça (f), salsichão (m)	kālbās	کالباس
salsicha (f)	sosis	سوسیس
bacon (m)	beykon	بیکن
presunto (m)	žāmbon	ژامبون
pernil (m) de porco	rān xuk	ران خوک
patê (m)	pāte	پاته
fígado (m)	jegar	جگر
guisado (m)	hamberger	همبرگر
língua (f)	zabān	زبان
ovo (m)	toxm-e morq	تخم مرغ
ovos (m pl)	toxm-e morq-ha	تخم مرغ ها
clara (f) de ovo	sefide-ye toxm-e morq	سفیده تخم مرغ
gema (f) de ovo	zarde-ye toxm-e morq	زرده تخم مرغ
peixe (m)	māhi	ماهی
mariscos (m pl)	qazā-ye daryāyi	غذای دریایی
crustáceos (m pl)	saxtpustān	سختپوستان
caviar (m)	xāviār	خاویار
caranguejo (m)	xarčang	خرچنگ
camarão (m)	meygu	میگو
ostra (f)	sadaf-e xorāki	صدف خوراکی
lagosta (f)	xarčang-e xārdār	خرچنگ خاردار
polvo (m)	hašt pā	هشت پا
lula (f)	māhi-ye morakkab	ماهی مرکب
esturjão (m)	māhi-ye xāviār	ماهی خاویار
salmão (m)	māhi-ye salemon	ماهی سالمون
halibute (m)	halibut	هالیبوت
bacalhau (m)	māhi-ye rowqan	ماهی روغن

cavala, sarda (f)	māhi-ye esqumeri	ماهی اسقومری
atum (m)	tan māhi	تن ماهی
enguia (f)	mārmāhi	مارماهی

truta (f)	māhi-ye qezelālā	ماهی قزل آلا
sardinha (f)	sārdin	ساردین
lúcio (m)	ordak māhi	اردک ماهی
arenque (m)	māhi-ye šur	ماهی شور

pão (m)	nān	نان
queijo (m)	panir	پنیر
açúcar (m)	qand	قند
sal (m)	namak	نمک

arroz (m)	berenj	برنج
massas (f pl)	mākāroni	ماکارونی
talharim, miojo (m)	rešte-ye farangi	رشته فرنگی

manteiga (f)	kare	کره
óleo (m) vegetal	rowqan-e nabāti	روغن نباتی
óleo (m) de girassol	rowqan āftābgardān	روغن آفتاب گردان
margarina (f)	mārgārin	مارگارین

| azeitonas (f pl) | zeytun | زیتون |
| azeite (m) | rowqan-e zeytun | روغن زیتون |

leite (m)	šir	شیر
leite (m) condensado	šir-e čegāl	شیر چگال
iogurte (m)	mās-at	ماست
creme (m) azedo	xāme-ye torš	خامة ترش
creme (m) de leite	saršir	سرشیر

| maionese (f) | māyonez | مایونز |
| creme (m) | xāme | خامه |

grãos (m pl) de cereais	hobubāt	حبوبات
farinha (f)	ārd	آرد
enlatados (m pl)	konserv-hā	کنسرو ها

flocos (m pl) de milho	bereštuk	برشتوک
mel (m)	asal	عسل
geleia (m)	morabbā	مربا
chiclete (m)	ādāms	آدامس

36. Bebidas

água (f)	āb	آب
água (f) potável	āb-e āšāmidani	آب آشامیدنی
água (f) mineral	āb-e ma'dani	آب معدنی

sem gás (adj)	bedun-e gāz	بدون گاز
gaseificada (adj)	gāzdār	گازدار
com gás	gāzdār	گازدار
gelo (m)	yax	یخ

com gelo	yax dār	یخ دار
não alcoólico (adj)	bi alkol	بی الکل
refrigerante (m)	nušābe-ye bi alkol	نوشابهٔ بی الکل
refresco (m)	nušābe-ye xonak	نوشابهٔ خنک
limonada (f)	limunād	لیموناد

bebidas (f pl) alcoólicas	mašrubāt-e alkoli	مشروبات الکلی
vinho (m)	šarāb	شراب
vinho (m) branco	šarāb-e sefid	شراب سفید
vinho (m) tinto	šarāb-e sorx	شراب سرخ

licor (m)	likor	لیکور
champanhe (m)	šāmpāyn	شامپاین
vermute (m)	vermut	ورموت

uísque (m)	viski	ویسکی
vodca (f)	vodkā	ودکا
gim (m)	jin	جین
conhaque (m)	konyāk	کنیاک
rum (m)	araq-e neyšekar	عرق نیشکر

café (m)	qahve	قهوه
café (m) preto	qahve-ye talx	قهوهٔ تلخ
café (m) com leite	šir-qahve	شیرقهوه
cappuccino (m)	kāpočino	کاپوچینو
café (m) solúvel	qahve-ye fowri	قهوه فوری

leite (m)	šir	شیر
coquetel (m)	kuktel	کوکتل
batida (f), milkshake (m)	kuktele šir	کوکتل شیر

suco (m)	āb-e mive	آب میوه
suco (m) de tomate	āb-e gowjefarangi	آب گوجه فرنگی
suco (m) de laranja	āb-e porteqāl	آب پرتقال
suco (m) fresco	āb-e mive-ye taze	آب میوهٔ تازه

cerveja (f)	ābejow	آبجو
cerveja (f) clara	ābejow-ye sabok	آبجوی سبک
cerveja (f) preta	ābejow-ye tire	آبجوی تیره

chá (m)	čāy	چای
chá (m) preto	čāy-e siyāh	چای سیاه
chá (m) verde	čāy-e sabz	چای سبز

37. Vegetais

| vegetais (m pl) | sabzijāt | سبزیجات |
| verdura (f) | sabzi | سبزی |

tomate (m)	gowje farangi	گوجه فرنگی
pepino (m)	xiyār	خیار
cenoura (f)	havij	هویج
batata (f)	sib zamini	سیب زمینی
cebola (f)	piyāz	پیاز

alho (m)	sir	سیر
couve (f)	kalam	کلم
couve-flor (f)	gol kalam	گل کلم
couve-de-bruxelas (f)	koll-am boruksel	کلم بروکسل
brócolis (m pl)	kalam borokli	کلم بروکلی

beterraba (f)	čoqondar	چغندر
berinjela (f)	bādenjān	بادنجان
abobrinha (f)	kadu sabz	کدو سبز
abóbora (f)	kadu tanbal	کدو تنبل
nabo (m)	šalqam	شلغم

salsa (f)	ja'fari	جعفری
endro, aneto (m)	šavid	شوید
alface (f)	kāhu	کاهو
aipo (m)	karafs	کرفس
aspargo (m)	mārčube	مارچوبه
espinafre (m)	esfenāj	اسفناج

ervilha (f)	noxod	نخود
feijão (~ soja, etc.)	lubiyā	لوبیا
milho (m)	zorrat	ذرت
feijão (m) roxo	lubiyā qermez	لوبیا قرمز

pimentão (m)	felfel	فلفل
rabanete (m)	torobče	تربچه
alcachofra (f)	kangar farangi	کنگرفرنگی

38. Frutos. Nozes

fruta (f)	mive	میوه
maçã (f)	sib	سیب
pera (f)	golābi	گلابی
limão (m)	limu	لیمو
laranja (f)	porteqāl	پرتقال
morango (m)	tut-e farangi	توت فرنگی

tangerina (f)	nārengi	نارنگی
ameixa (f)	ālu	آلو
pêssego (m)	holu	هلو
damasco (m)	zardālu	زردآلو
framboesa (f)	tamešk	تمشک
abacaxi (m)	ānānās	آناناس

banana (f)	mowz	موز
melancia (f)	hendevāne	هندوانه
uva (f)	angur	انگور
ginja (f)	ālbālu	آلبالو
cereja (f)	gilās	گیلاس
melão (m)	xarboze	خربزه

toranja (f)	gerip forut	گریپ فوروت
abacate (m)	āvokādo	اووکادو
mamão (m)	pāpāyā	پاپایا

| manga (f) | anbe | انبه |
| romã (f) | anār | انار |

groselha (f) vermelha	angur-e farangi-ye sorx	انگور فرنگی سرخ
groselha (f) negra	angur-e farangi-ye siyāh	انگور فرنگی سیاه
groselha (f) espinhosa	angur-e farangi	انگور فرنگی
mirtilo (m)	zoqāl axte	زغال اخته
amora (f) silvestre	šāh tut	شاه توت

passa (f)	kešmeš	کشمش
figo (m)	anjir	انجیر
tâmara (f)	xormā	خرما

amendoim (m)	bādām zamin-i	بادام زمینی
amêndoa (f)	bādām	بادام
noz (f)	gerdu	گردو
avelã (f)	fandoq	فندق
coco (m)	nārgil	نارگیل
pistaches (m pl)	peste	پسته

39. Pão. Bolaria

pastelaria (f)	širini jāt	شیرینی جات
pão (m)	nān	نان
biscoito (m), bolacha (f)	biskuit	بیسکوییت

chocolate (m)	šokolāt	شکلات
de chocolate	šokolāti	شکلاتی
bala (f)	āb nabāt	آب نبات
doce (bolo pequeno)	nān-e širini	نان شیرینی
bolo (m) de aniversário	širini	شیرینی

| torta (f) | keyk | کیک |
| recheio (m) | čāšni | چاشنی |

geleia (m)	morabbā	مربا
marmelada (f)	mārmālād	مارمالاد
wafers (m pl)	vāfel	وافل
sorvete (m)	bastani	بستنی
pudim (m)	puding	پودینگ

40. Pratos cozinhados

prato (m)	qazā	غذا
cozinha (~ portuguesa)	qazā	غذا
receita (f)	dastur-e poxt	دستور پخت
porção (f)	pors	پرس

salada (f)	sālād	سالاد
sopa (f)	sup	سوپ
caldo (m)	pāye-ye sup	پایه سوپ
sanduíche (m)	sāndevič	ساندویچ

ovos (m pl) fritos	nimru	نیمرو
hambúrguer (m)	hamberger	همبرگر
bife (m)	esteyk	استیک

acompanhamento (m)	moxallafāt	مخلفات
espaguete (m)	espāgeti	اسپاگتی
purê (m) de batata	pure-ye sibi zamini	پورۀ سیب زمینی
pizza (f)	pitzā	پیتزا
mingau (m)	šurbā	شوربا
omelete (f)	ommol-at	املت

fervido (adj)	āb paz	آب پز
defumado (adj)	dudi	دودی
frito (adj)	sorx šode	سرخ شده
seco (adj)	xošk	خشک
congelado (adj)	yax zade	یخ زده
em conserva (adj)	torši	ترشی

doce (adj)	širin	شیرین
salgado (adj)	šur	شور
frio (adj)	sard	سرد
quente (adj)	dāq	داغ
amargo (adj)	talx	تلخ
gostoso (adj)	xoš mazze	خوش مزه

cozinhar em água fervente	poxtan	پختن
preparar (vt)	poxtan	پختن
fritar (vt)	sorx kardan	سرخ کردن
aquecer (vt)	garm kardan	گرم کردن

salgar (vt)	namak zadan	نمک زدن
apimentar (vt)	felfel pāšidan	فلفل پاشیدن
ralar (vt)	rande kardan	رنده کردن
casca (f)	pust	پوست
descascar (vt)	pust kandan	پوست کندن

41. Especiarias

sal (m)	namak	نمک
salgado (adj)	šur	شور
salgar (vt)	namak zadan	نمک زدن

pimenta-do-reino (f)	felfel-e siyāh	فلفل سیاه
pimenta (f) vermelha	felfel-e sorx	فلفل سرخ
mostarda (f)	xardal	خردل
raiz-forte (f)	torob-e kuhi	ترب کوهی

condimento (m)	adviye	ادویه
especiaria (f)	adviye	ادویه
molho (~ inglês)	ses	سس
vinagre (m)	serke	سرکه

| anis estrelado (m) | rāziyāne | رازیانه |
| manjericão (m) | reyhān | ریحان |

cravo (m)	mixak	ميخک
gengibre (m)	zanjefil	زنجفيل
coentro (m)	gešniz	گشنيز
canela (f)	dārčin	دارچين

gergelim (m)	konjed	كنجد
folha (f) de louro	barg-e bu	برگ بو
páprica (f)	paprika	پاپريکا
cominho (m)	zire	زيره
açafrão (m)	za'ferān	زعفران

42. Refeições

comida (f)	qazā	غذا
comer (vt)	xordan	خوردن

café (m) da manhã	sobhāne	صبحانه
tomar café da manhã	sobhāne xordan	صبحانه خوردن
almoço (m)	nāhār	ناهار
almoçar (vi)	nāhār xordan	ناهار خوردن
jantar (m)	šām	شام
jantar (vi)	šām xordan	شام خوردن

apetite (m)	eštehā	اشتها
Bom apetite!	nuš-e jān	نوش جان

abrir (~ uma lata, etc.)	bāz kardan	باز کردن
derramar (~ líquido)	rixtan	ريختن
derramar-se (vr)	rixtan	ريختن

ferver (vi)	jušidan	جوشيدن
ferver (vt)	jušāndan	جوشاندن
fervido (adj)	jušide	جوشيده
esfriar (vt)	sard kardan	سرد کردن
esfriar-se (vr)	sard šodan	سرد شدن

sabor, gosto (m)	maze	مزه
fim (m) de boca	maze	مزه

emagrecer (vi)	lāqar kardan	لاغر کردن
dieta (f)	režim	رژيم
vitamina (f)	vitāmin	ويتامين
caloria (f)	kālori	کالری

vegetariano (m)	giyāh xār	گياه خوار
vegetariano (adj)	giyāh xāri	گياه خواری

gorduras (f pl)	čarbi-hā	چربی ها
proteínas (f pl)	porotein	پروتئين
carboidratos (m pl)	karbohidrāt-hā	کربو هيدرات ها

fatia (~ de limão, etc.)	qet'e	قطعه
pedaço (~ de bolo)	tekke	تکه
migalha (f), farelo (m)	zarre	ذره

43. Por a mesa

colher (f)	qāšoq	قاشق
faca (f)	kārd	کارد
garfo (m)	čangāl	چنگال
xícara (f)	fenjān	فنجان
prato (m)	bošqāb	بشقاب
pires (m)	na'lbeki	نعلبکی
guardanapo (m)	dastmāl	دستمال
palito (m)	xelāl-e dandān	خلال دندان

44. Restaurante

restaurante (m)	resturān	رستوران
cafeteria (f)	kāfe	کافه
bar (m), cervejaria (f)	bār	بار
salão (m) de chá	qahve xāne	قهوه خانه
garçom (m)	pišxedmat	پیشخدمت
garçonete (f)	pišxedmat	پیشخدمت
barman (m)	motesaddi-ye bār	متصدی بار
cardápio (m)	meno	منو
lista (f) de vinhos	kārt-e šarāb	کارت شراب
reservar uma mesa	miz rezerv kardan	میز رزرو کردن
prato (m)	qazā	غذا
pedir (vt)	sefāreš dādan	سفارش دادن
fazer o pedido	sefāreš dādan	سفارش دادن
aperitivo (m)	mašrub-e piš qazā	مشروب پیش غذا
entrada (f)	piš qazā	پیش غذا
sobremesa (f)	deser	دسر
conta (f)	surat hesāb	صورت حساب
pagar a conta	surat-e hesāb rā pardāxtan	صورت حساب را پرداختن
dar o troco	baqiye rā dādan	بقیه را دادن
gorjeta (f)	an'ām	انعام

Família, parentes e amigos

45. Informação pessoal. Formulários

nome (m)	esm	اسم
sobrenome (m)	nām-e xānevādegi	نام خانوادگی
data (f) de nascimento	tārix-e tavallod	تاریخ تولد
local (m) de nascimento	mahall-e tavallod	محل تولد
nacionalidade (f)	melliyat	ملیت
lugar (m) de residência	mahall-e sokunat	محل سکونت
país (m)	kešvar	کشور
profissão (f)	šoql	شغل
sexo (m)	jens	جنس
estatura (f)	qad	قد
peso (m)	vazn	وزن

46. Membros da família. Parentes

mãe (f)	mādar	مادر
pai (m)	pedar	پدر
filho (m)	pesar	پسر
filha (f)	doxtar	دختر
caçula (f)	doxtar-e kučak	دختر کوچک
caçula (m)	pesar-e kučak	پسر کوچک
filha (f) mais velha	doxtar-e bozorg	دختر بزرگ
filho (m) mais velho	pesar-e bozorg	پسر بزرگ
irmão (m)	barādar	برادر
irmão (m) mais velho	barādar-e bozorg	برادر بزرگ
irmão (m) mais novo	barādar-e kučak	برادر کوچک
irmã (f)	xāhar	خواهر
irmã (f) mais velha	xāhar-e bozorg	خواهر بزرگ
irmã (f) mais nova	xāhar-e kučak	خواهر کوچک
primo (m)	pesar ʿamu	پسر عمو
prima (f)	doxtar amu	دختر عمو
mamãe (f)	māmān	مامان
papai (m)	bābā	بابا
pais (pl)	vāledeyn	والدین
criança (f)	kudak	کودک
crianças (f pl)	bače-hā	بچه ها
avó (f)	mādarbozorg	مادربزرگ
avô (m)	pedar-bozorg	پدربزرگ

neto (m)	nave	نوه
neta (f)	nave	نوه
netos (pl)	nave-hā	نوه ها

tio (m)	amu	عمو
tia (f)	xāle yā amme	خاله یا عمه
sobrinho (m)	barādar-zāde	برادرزاده
sobrinha (f)	xāhar-zāde	خواهرزاده

sogra (f)	mādarzan	مادرزن
sogro (m)	pedar-šowhar	پدرشوهر
genro (m)	dāmād	داماد
madrasta (f)	nāmādari	نامادری
padrasto (m)	nāpedari	ناپدری

criança (f) de colo	nowzād	نوزاد
bebê (m)	širxār	شیرخوار
menino (m)	pesar-e kučulu	پسر کوچولو

mulher (f)	zan	زن
marido (m)	šowhar	شوهر
esposo (m)	hamsar	همسر
esposa (f)	hamsar	همسر

casado (adj)	mote'ahhel	متاهل
casada (adj)	mote'ahhel	متاهل
solteiro (adj)	mojarrad	مجرد
solteirão (m)	mojarrad	مجرد
divorciado (adj)	talāq gerefte	طلاق گرفته
viúva (f)	bive zan	بیوه زن
viúvo (m)	bive	بیوه

parente (m)	xišāvand	خویشاوند
parente (m) próximo	aqvām-e nazdik	اقوام نزدیک
parente (m) distante	aqvām-e dur	اقوام دور
parentes (m pl)	aqvām	اقوام

órfão (m), órfã (f)	yatim	یتیم
tutor (m)	qayyem	قیم
adotar (um filho)	be pesari gereftan	به پسری گرفتن
adotar (uma filha)	be doxtari gereftan	به دختری گرفتن

Medicina

47. Doenças

doença (f)	bimāri	بیماری
estar doente	bimār budan	بیمار بودن
saúde (f)	salāmati	سلامتی
nariz (m) escorrendo	āb-e rizeš-e bini	آب ریزش بینی
amigdalite (f)	varam-e lowze	ورم لوزه
resfriado (m)	sarmā xordegi	سرما خوردگی
ficar resfriado	sarmā xordan	سرما خوردن
bronquite (f)	boronšit	برنشیت
pneumonia (f)	zātorrie	ذات الریه
gripe (f)	ānfolānzā	آنفولانزا
míope (adj)	nazdik bin	نزدیک بین
presbita (adj)	durbin	دوربین
estrabismo (m)	enherāf-e čašm	انحراف چشم
estrábico, vesgo (adj)	luč	لوچ
catarata (f)	āb morvārid	آب مروارید
glaucoma (m)	ab-e siyāh	آب سیاه
AVC (m), apoplexia (f)	sekte-ye maqzi	سکته مغزی
ataque (m) cardíaco	sekte-ye qalbi	سکته قلبی
enfarte (m) do miocárdio	ānfārktus	آنفارکتوس
paralisia (f)	falaji	فلجی
paralisar (vt)	falj kardan	فلج کردن
alergia (f)	ālerži	آلرژی
asma (f)	āsm	آسم
diabetes (f)	diyābet	دیابت
dor (f) de dente	dandān-e dard	دندان درد
cárie (f)	pusidegi	پوسیدگی
diarreia (f)	eshāl	اسهال
prisão (f) de ventre	yobusat	یبوست
desarranjo (m) intestinal	nārāhati-ye me'de	ناراحتی معده
intoxicação (f) alimentar	masmumiyat	مسمومیت
intoxicar-se	masmum šodan	مسموم شدن
artrite (f)	varam-e mafāsel	ورم مفاصل
raquitismo (m)	rāšitism	راشیتیسم
reumatismo (m)	romātism	روماتیسم
arteriosclerose (f)	tasallob-e šarāin	تصلب شرائین
gastrite (f)	varam-e me'de	ورم معده
apendicite (f)	āpāndisit	آپاندیسیت

colecistite (f)	eltehāb-e kise-ye safrā	التهاب کیسه صفرا
úlcera (f)	zaxm	زخم
sarampo (m)	sorxak	سرخک
rubéola (f)	sorxje	سرخجه
icterícia (f)	yaraqān	یرقان
hepatite (f)	hepātit	هپاتیت
esquizofrenia (f)	šizoferni	شیزوفرنی
raiva (f)	hāri	هاری
neurose (f)	extelāl-e aʿsāb	اختلال اعصاب
contusão (f) cerebral	zarbe-ye maqzi	ضربه مغزی
câncer (m)	saratān	سرطان
esclerose (f)	eskeleroz	اسکلروز
esclerose (f) múltipla	eskeleroz čandgāne	اسکلروز چندگانه
alcoolismo (m)	alkolism	الکلیسم
alcoólico (m)	alkoli	الکلی
sífilis (f)	siflis	سیفلیس
AIDS (f)	eydz	ایدز
tumor (m)	tumor	تومور
maligno (adj)	bad xim	بد خیم
benigno (adj)	xoš xim	خوش خیم
febre (f)	tab	تب
malária (f)	mālāriyā	مالاریا
gangrena (f)	qānqāriyā	قانقاریا
enjoo (m)	daryā-zadegi	دریازدگی
epilepsia (f)	sarʿ	صرع
epidemia (f)	epidemi	اپیدمی
tifo (m)	hasbe	حصبه
tuberculose (f)	sel	سل
cólera (f)	vabā	وبا
peste (f) bubônica	tāʿun	طاعون

48. Sintomas. Tratamentos. Parte 1

sintoma (m)	alāem-e bimāri	علائم بیماری
temperatura (f)	damā	دما
febre (f)	tab	تب
pulso (m)	nabz	نبض
vertigem (f)	sargije	سرگیجه
quente (testa, etc.)	dāq	داغ
calafrio (m)	raʿše	رعشه
pálido (adj)	rang paride	رنگ پریده
tosse (f)	sorfe	سرفه
tossir (vi)	sorfe kardan	سرفه کردن
espirrar (vi)	atse kardan	عطسه کردن
desmaio (m)	qaš	غش

desmaiar (vi)	qaš kardan	غش کردن
mancha (f) preta	kabudi	کبودی
galo (m)	barāmadegi	برآمدگی
machucar-se (vr)	barxord kardan	برخورد کردن
contusão (f)	kuftegi	کوفتگی
machucar-se (vr)	zarb didan	ضرب دیدن
mancar (vi)	langidan	لنگیدن
deslocamento (f)	dar raftegi	دررفتگی
deslocar (vt)	dar raftan	دررفتن
fratura (f)	šekastegi	شکستگی
fraturar (vt)	dočār-e šekastegi šodan	دچار شکستگی شدن
corte (m)	boridegi	بریدگی
cortar-se (vr)	boridan	بریدن
hemorragia (f)	xunrizi	خونریزی
queimadura (f)	suxtegi	سوختگی
queimar-se (vr)	dočār-e suxtegi šodan	دچار سوختگی شدن
picar (vt)	surāx kardan	سوراخ کردن
picar-se (vr)	surāx kardan	سوراخ کردن
lesionar (vt)	āsib resāndan	آسیب رساندن
lesão (m)	zaxm	زخم
ferida (f), ferimento (m)	zaxm	زخم
trauma (m)	zarbe	ضربه
delirar (vi)	hazyān goftan	هذیان گفتن
gaguejar (vi)	loknat dāštan	لکنت داشتن
insolação (f)	āftāb-zadegi	آفتابزدگی

49. Sintomas. Tratamentos. Parte 2

dor (f)	dard	درد
farpa (no dedo, etc.)	xār	خار
suor (m)	araq	عرق
suar (vi)	araq kardan	عرق کردن
vômito (m)	estefrāq	استفراغ
convulsões (f pl)	tašannoj	تشنج
grávida (adj)	bārdār	باردار
nascer (vi)	motevalled šodan	متولد شدن
parto (m)	vazʿ-e haml	وضع حمل
dar à luz	be donyā āvardan	به دنیا آوردن
aborto (m)	seqt-e janin	سقط جنین
respiração (f)	tanaffos	تنفس
inspiração (f)	estenšāq	استنشاق
expiração (f)	bāzdam	بازدم
expirar (vi)	bāzdamidan	بازدمیدن
inspirar (vi)	nafas kešidan	نفس کشیدن
inválido (m)	maʿlul	معلول
aleijado (m)	falaj	فلج

drogado (m)	mo'tād	معتاد
surdo (adj)	kar	کر
mudo (adj)	lāl	لال
surdo-mudo (adj)	kar-o lāl	کر و لال

louco, insano (adj)	divāne	دیوانه
louco (m)	divāne	دیوانه
louca (f)	divāne	دیوانه
ficar louco	divāne šodan	دیوانه شدن

gene (m)	žen	ژن
imunidade (f)	masuniyat	مصونیت
hereditário (adj)	mowrusi	موروثی
congênito (adj)	mādarzād	مادرزاد

vírus (m)	virus	ویروس
micróbio (m)	mikrob	میکروب
bactéria (f)	bākteri	باکتری
infecção (f)	ofunat	عفونت

50. Sintomas. Tratamentos. Parte 3

hospital (m)	bimārestān	بیمارستان
paciente (m)	bimār	بیمار

diagnóstico (m)	tašxis	تشخیص
cura (f)	mo'āleje	معالجه
tratamento (m) médico	darmān	درمان
curar-se (vr)	darmān šodan	درمان شدن
tratar (vt)	mo'āleje kardan	معالجه کردن
cuidar (pessoa)	parastāri kardan	پرستاری کردن
cuidado (m)	parastāri	پرستاری

operação (f)	amal-e jarrāhi	عمل جراحی
enfaixar (vt)	pānsemān kardan	پانسمان کردن
enfaixamento (m)	pānsemān	پانسمان

vacinação (f)	vāksināsyon	واکسیناسیون
vacinar (vt)	vāksine kardan	واکسینه کردن
injeção (f)	tazriq	تزریق
dar uma injeção	tazriq kardan	تزریق کردن

ataque (~ de asma, etc.)	hamle	حمله
amputação (f)	qat'-e ozv	قطع عضو
amputar (vt)	qat' kardan	قطع کردن
coma (f)	komā	کما
estar em coma	dar komā budan	در کما بودن
reanimação (f)	morāqebat-e viže	مراقبت ویژه

recuperar-se (vr)	behbud yāftan	بهبود یافتن
estado (~ de saúde)	hālat	حالت
consciência (perder a ~)	huš	هوش
memória (f)	hāfeze	حافظه
tirar (vt)	dandān kešidan	دندان کشیدن

obturação (f)	por kardan	پر کردن
obturar (vt)	por kardan	پر کردن
hipnose (f)	hipnotizm	هیپنوتیزم
hipnotizar (vt)	hipnotizm kardan	هیپنوتیزم کردن

51. Médicos

médico (m)	pezešk	پزشک
enfermeira (f)	parastār	پرستار
médico (m) pessoal	pezešk-e šaxsi	پزشک شخصی
dentista (m)	dandān pezešk	دندان پزشک
oculista (m)	češm-pezešk	چشم پزشک
terapeuta (m)	pezešk omumi	پزشک عمومی
cirurgião (m)	jarrāh	جراح
psiquiatra (m)	ravānpezešk	روانپزشک
pediatra (m)	pezešk-e kudakān	پزشک کودکان
psicólogo (m)	ravānšenās	روانشناس
ginecologista (m)	motexasses-e zanān	متخصص زنان
cardiologista (m)	motexasses-e qalb	متخصص قلب

52. Medicina. Drogas. Acessórios

medicamento (m)	dāru	دارو
remédio (m)	darmān	درمان
receitar (vt)	tajviz kardan	تجویز کردن
receita (f)	nosxe	نسخه
comprimido (m)	qors	قرص
unguento (m)	pomād	پماد
ampola (f)	āmpul	آمپول
solução, preparado (m)	šarbat	شربت
xarope (m)	šarbat	شربت
cápsula (f)	kapsul	کپسول
pó (m)	pudr	پودر
atadura (f)	bānd	باند
algodão (m)	panbe	پنبه
iodo (m)	yod	ید
curativo (m) adesivo	časb-e zaxm	چسب زخم
conta-gotas (m)	qatre čekān	قطره چکان
termômetro (m)	damāsanj	دماسنج
seringa (f)	sorang	سرنگ
cadeira (f) de rodas	vilčer	ویلچر
muletas (f pl)	čub zir baqal	چوب زیر بغل
analgésico (m)	mosaken	مسکن
laxante (m)	moshel	مسهل

álcool (m)	alkol	الکل
ervas (f pl) medicinais	giyāhān-e dāruyi	گیاهان دارویی
de ervas (chá ~)	giyāhi	گیاهی

HABITAT HUMANO

Cidade

53. Cidade. Vida na cidade

cidade (f)	šahr	شهر
capital (f)	pāytaxt	پایتخت
aldeia (f)	rustā	روستا
mapa (m) da cidade	naqše-ye šahr	نقشۀ شهر
centro (m) da cidade	markaz-e šahr	مرکز شهر
subúrbio (m)	hume-ye šahr	حومۀ شهر
suburbano (adj)	hume-ye šahr	حومۀ شهر
periferia (f)	hume	حومه
arredores (m pl)	hume	حومه
quarteirão (m)	mahalle	محله
quarteirão (m) residencial	mahalle-ye maskuni	محلۀ مسکونی
tráfego (m)	obur-o morur	عبور و مرور
semáforo (m)	čerāq-e rāhnamā	چراغ راهنما
transporte (m) público	haml-o naql-e šahri	حمل و نقل شهری
cruzamento (m)	čahārrāh	چهارراه
faixa (f)	xatt-e āber-e piyāde	خط عابرپیاده
túnel (m) subterrâneo	zir-e gozar	زیر گذر
cruzar, atravessar (vt)	obur kardan	عبور کردن
pedestre (m)	piyāde	پیاده
calçada (f)	piyāde row	پیاده رو
ponte (f)	pol	پل
margem (f) do rio	xiyābān-e sāheli	خیابان ساحلی
fonte (f)	češme	چشمه
alameda (f)	bāq rāh	باغ راه
parque (m)	pārk	پارک
bulevar (m)	bolvār	بولوار
praça (f)	meydān	میدان
avenida (f)	xiyābān	خیابان
rua (f)	xiyābān	خیابان
travessa (f)	kuče	کوچه
beco (m) sem saída	bon bast	بن بست
casa (f)	xāne	خانه
edifício, prédio (m)	sāxtemān	ساختمان
arranha-céu (m)	āsemānxarāš	آسمانخراش
fachada (f)	namā	نما
telhado (m)	bām	بام

janela (f)	panjere	پنجره
arco (m)	tāq-e qowsi	طاق قوسی
coluna (f)	sotun	ستون
esquina (f)	nabš	نبش

vitrine (f)	vitrin	ویترین
letreiro (m)	tāblo	تابلو
cartaz (do filme, etc.)	poster	پوستر
cartaz (m) publicitário	poster-e tabliqāti	پوستر تبلیغاتی
painel (m) publicitário	bilbord	بیلبورد

lixo (m)	āšqāl	آشغال
lata (f) de lixo	satl-e āšqāl	سطل آشغال
jogar lixo na rua	kasif kardan	کثیف کردن
aterro (m) sanitário	jā-ye dafn-e āšqāl	جای دفن آشغال

orelhão (m)	kābin-e telefon	کابین تلفن
poste (m) de luz	tir-e barq	تیر برق
banco (m)	nimkat	نیمکت

polícia (m)	polis	پلیس
polícia (instituição)	polis	پلیس
mendigo, pedinte (m)	gedā	گدا
desabrigado (m)	bi xānomān	بی خانمان

54. Instituições urbanas

loja (f)	maqāze	مغازه
drogaria (f)	dāruxāne	داروخانه
ótica (f)	eynak foruši	عینک فروشی
centro (m) comercial	markaz-e tejāri	مرکز تجاری
supermercado (m)	supermārket	سوپرمارکت

padaria (f)	nānvāyi	نانوایی
padeiro (m)	nānvā	نانوا
pastelaria (f)	qannādi	قنادی
mercearia (f)	baqqāli	بقالی
açougue (m)	gušt foruši	گوشت فروشی

fruteira (f)	sabzi foruši	سبزی فروشی
mercado (m)	bāzār	بازار

cafeteria (f)	kāfe	کافه
restaurante (m)	resturān	رستوران
bar (m)	bār	بار
pizzaria (f)	pitzā-foruši	پیتزا فروشی

salão (m) de cabeleireiro	ārāyešgāh	آرایشگاه
agência (f) dos correios	post	پست
lavanderia (f)	xošk-šuyi	خشکشویی
estúdio (m) fotográfico	ātolye-ye akkāsi	آتلیۀ عکاسی

sapataria (f)	kafš foruši	کفش فروشی
livraria (f)	ketāb-foruši	کتاب فروشی

loja (f) de artigos esportivos	maqāze-ye varzeši	مغازهٔ ورزشی
costureira (m)	ta'mir-e lebās	تعمیر لباس
aluguel (m) de roupa	kerāye-ye lebās	کرایهٔ لباس
videolocadora (f)	kerāye-ye film	کرایهٔ فیلم

circo (m)	sirak	سیرک
jardim (m) zoológico	bāq-e vahš	باغ وحش
cinema (m)	sinamā	سینما
museu (m)	muze	موزه
biblioteca (f)	ketābxāne	کتابخانه

teatro (m)	teātr	تئاتر
ópera (f)	operā	اپرا
boate (casa noturna)	kābāre	کاباره
cassino (m)	kāzino	کازینو

mesquita (f)	masjed	مسجد
sinagoga (f)	kenešt	کنشت
catedral (f)	kelisā-ye jāme'	کلیسای جامع
templo (m)	ma'bad	معبد
igreja (f)	kelisā	کلیسا

faculdade (f)	anistito	انستیتو
universidade (f)	dānešgāh	دانشگاه
escola (f)	madrese	مدرسه

prefeitura (f)	ostāndāri	استانداری
câmara (f) municipal	šahrdāri	شهرداری
hotel (m)	hotel	هتل
banco (m)	bānk	بانک

embaixada (f)	sefārat	سفارت
agência (f) de viagens	āžāns-e jahāngardi	آژانس جهانگردی
agência (f) de informações	daftar-e ettelāāt	دفتر اطلاعات
casa (f) de câmbio	sarrāfi	صرافی

| metrô (m) | metro | مترو |
| hospital (m) | bimārestān | بیمارستان |

| posto (m) de gasolina | pomp-e benzin | پمپ بنزین |
| parque (m) de estacionamento | pārking | پارکینگ |

55. Sinais

letreiro (m)	tāblo	تابلو
aviso (m)	nevešte	نوشته
cartaz, pôster (m)	poster	پوستر
placa (f) de direção	rāhnamā	راهنما
seta (f)	alāmat	علامت

aviso (advertência)	ehtiyāt	احتیاط
sinal (m) de aviso	alāmat-e hošdār	علامت هشدار
avisar, advertir (vt)	hošdār dādan	هشدار دادن
dia (m) de folga	ruz-e ta'til	روز تعطیل

| horário (~ dos trens, etc.) | jadval | جدول |
| horário (m) | sā'athā-ye kāri | ساعت های کاری |

BEM-VINDOS!	xoš āmadid	خوش آمدید
ENTRADA	vorud	ورود
SAÍDA	xoruj	خروج

EMPURRE	hel dādan	هل دادن
PUXE	bekešid	بکشید
ABERTO	bāz	باز
FECHADO	baste	بسته

| MULHER | zanāne | زنانه |
| HOMEM | mardāne | مردانه |

DESCONTOS	taxfif	تخفیف
SALDOS, PROMOÇÃO	harāj	حراج
NOVIDADE!	jadid	جدید
GRÁTIS	majjāni	مجانی

ATENÇÃO!	tavajjoh	توجه
NÃO HÁ VAGAS	otāq-e xāli nadārim	اتاق خالی نداریم
RESERVADO	rezerv šode	رزرو شده

| ADMINISTRAÇÃO | edāre | اداره |
| SOMENTE PESSOAL AUTORIZADO | xāse personel | خاص پرسنل |

CUIDADO CÃO FEROZ	movāzeb-e sag bāšid	مواظب سگ باشید
PROIBIDO FUMAR!	sigār kešidan mamnu'	سیگار کشیدن ممنوع
NÃO TOCAR	dast nazanid	دست نزنید

PERIGOSO	xatarnāk	خطرناک
PERIGO	xatar	خطر
ALTA TENSÃO	voltāj bālā	ولتاژ بالا
PROIBIDO NADAR	šenā mamnu'	شنا ممنوع
COM DEFEITO	xārāb	خراب

INFLAMÁVEL	qābel-e ehterāq	قابل احتراق
PROIBIDO	mamnu'	ممنوع
ENTRADA PROIBIDA	obur mamnu'	عبور ممنوع
CUIDADO TINTA FRESCA	rang-e xis	رنگ خیس

56. Transportes urbanos

ônibus (m)	otobus	اتوبوس
bonde (m) elétrico	terāmvā	تراموا
trólebus (m)	otobus-e barqi	اتوبوس برقی
rota (f), itinerário (m)	xat	خط
número (m)	šomāre	شماره

ir de ... (carro, etc.)	raftan bā	رفتن با
entrar no ...	savār šodan	سوار شدن
descer do ...	piyāde šodan	پیاده شدن

parada (f)	istgāh-e otobus	ایستگاه اتوبوس
próxima parada (f)	istgāh-e ba'di	ایستگاه بعدی
terminal (m)	istgāh-e āxar	ایستگاه آخر
horário (m)	barnāme	برنامه
esperar (vt)	montazer budan	منتظر بودن

| passagem (f) | belit | بلیط |
| tarifa (f) | qeymat-e belit | قیمت بلیت |

bilheteiro (m)	sanduqdār	صندوقدار
controle (m) de passagens	kontorol-e belit	کنترل بلیط
revisor (m)	kontorol či	کنترل چی

atrasar-se (vr)	ta'xir dāštan	تأخیرداشتن
perder (o autocarro, etc.)	az dast dādan	از دست دادن
estar com pressa	ajale kardan	عجله کردن

táxi (m)	tāksi	تاکسی
taxista (m)	rānande-ye tāksi	راننده تاکسی
de táxi (ir ~)	bā tāksi	با تاکسی
ponto (m) de táxis	istgāh-e tāksi	ایستگاه تاکسی
chamar um táxi	tāksi gereftan	تاکسی گرفتن
pegar um táxi	tāksi gereftan	تاکسی گرفتن

tráfego (m)	obur-o morur	عبور و مرور
engarrafamento (m)	terāfik	ترافیک
horas (f pl) de pico	sā'at-e šoluqi	ساعت شلوغی
estacionar (vi)	pārk kardan	پارک کردن
estacionar (vt)	pārk kardan	پارک کردن
parque (m) de estacionamento	pārking	پارکینگ

metrô (m)	metro	مترو
estação (f)	istgāh	ایستگاه
ir de metrô	bā metro raftan	با مترو رفتن
trem (m)	qatār	قطار
estação (f) de trem	istgāh-e rāh-e āhan	ایستگاه راه آهن

57. Turismo

monumento (m)	mojassame	مجسمه
fortaleza (f)	qal'e	قلعه
palácio (m)	kāx	کاخ
castelo (m)	qal'e	قلعه
torre (f)	borj	برج
mausoléu (m)	ārāmgāh	آرامگاه

arquitetura (f)	me'māri	معماری
medieval (adj)	qorun-e vasati	قرون وسطی
antigo (adj)	qadimi	قدیمی
nacional (adj)	melli	ملی
famoso, conhecido (adj)	mašhur	مشهور

| turista (m) | turist | توریست |
| guia (pessoa) | rāhnamā-ye tur | راهنمای تور |

excursão (f)	gardeš	گردش
mostrar (vt)	nešān dādan	نشان دادن
contar (vt)	hekāyat kardan	حکایت کردن

encontrar (vt)	peydā kardan	پیدا کردن
perder-se (vr)	gom šodan	گم شدن
mapa (~ do metrô)	naqše	نقشه
mapa (~ da cidade)	naqše	نقشه

lembrança (f), presente (m)	sowqāti	سوغاتی
loja (f) de presentes	forušgāh-e sowqāti	فروشگاه سوغاتی
tirar fotos, fotografar	aks gereftan	عکس گرفتن
fotografar-se (vr)	aks gereftan	عکس گرفتن

58. Compras

comprar (vt)	xarid kardan	خرید کردن
compra (f)	xarid	خرید
fazer compras	xarid kardan	خرید کردن
compras (f pl)	xarid	خرید

| estar aberta (loja) | bāz budan | باز بودن |
| estar fechada | baste budan | بسته بودن |

calçado (m)	kafš	کفش
roupa (f)	lebās	لباس
cosméticos (m pl)	lavāzem-e ārāyeši	لوازم آرایشی
alimentos (m pl)	mavādd-e qazāyi	مواد غذایی
presente (m)	hedye	هدیه

| vendedor (m) | forušande | فروشنده |
| vendedora (f) | forušande-ye zan | فروشنده زن |

caixa (f)	sanduq	صندوق
espelho (m)	āyene	آینه
balcão (m)	pišxān	پیشخوان
provador (m)	otāq porov	اتاق پرو

provar (vt)	emtehān kardan	امتحان کردن
servir (roupa, caber)	monāseb budan	مناسب بودن
gostar (apreciar)	dust dāštan	دوست داشتن

preço (m)	qeymat	قیمت
etiqueta (f) de preço	barčasb-e qeymat	برچسب قیمت
custar (vt)	qeymat dāštan	قیمت داشتن
Quanto?	čeqadr?	چقدر؟
desconto (m)	taxfif	تخفیف

não caro (adj)	arzān	ارزان
barato (adj)	arzān	ارزان
caro (adj)	gerān	گران
É caro	gerān ast	گران است
aluguel (m)	kerāye	کرایه
alugar (roupas, etc.)	kerāye kardan	کرایه کردن

| crédito (m) | vām | وام |
| a crédito | xarid-e e'tebāri | خرید اعتباری |

59. Dinheiro

dinheiro (m)	pul	پول
câmbio (m)	tabdil-e arz	تبدیل ارز
taxa (f) de câmbio	nerx-e arz	نرخ ارز
caixa (m) eletrônico	xodpardāz	خودپرداز
moeda (f)	sekke	سکه

| dólar (m) | dolār | دلار |
| euro (m) | yuro | یورو |

lira (f)	lire	لیره
marco (m)	mārk	مارک
franco (m)	farānak	فرانک
libra (f) esterlina	pond-e esterling	پوند استرلینگ
iene (m)	yen	ین

dívida (f)	qarz	قرض
devedor (m)	bedehkār	بدهکار
emprestar (vt)	qarz dādan	قرض دادن
pedir emprestado	qarz gereftan	قرض گرفتن

banco (m)	bānk	بانک
conta (f)	hesāb-e bānki	حساب بانکی
depositar (vt)	rixtan	ریختن
depositar na conta	be hesāb rixtan	به حساب ریختن
sacar (vt)	az hesāb bardāštan	از حساب برداشتن

cartão (m) de crédito	kārt-e e'tebāri	کارت اعتباری
dinheiro (m) vivo	pul-e naqd	پول نقد
cheque (m)	ček	چک
passar um cheque	ček neveštan	چک نوشتن
talão (m) de cheques	daste-ye ček	دسته چک

carteira (f)	kif-e pul	کیف پول
niqueleira (f)	kif-e pul	کیف پول
cofre (m)	gāvsanduq	گاوصندوق

herdeiro (m)	vāres	وارث
herança (f)	mirās	میراث
fortuna (riqueza)	dārāyi	دارایی

arrendamento (m)	ejāre	اجاره
aluguel (pagar o ~)	kerāye-ye xāne	کرایۀ خانه
alugar (vt)	ejāre kardan	اجاره کردن

preço (m)	qeymat	قیمت
custo (m)	arzeš	ارزش
soma (f)	jam'-e kol	جمع کل
gastar (vt)	xarj kardan	خرج کردن
gastos (m pl)	maxārej	مخارج

economizar (vi)	sarfeju-yi kardan	صرفه جویی کردن
econômico (adj)	maqrun besarfe	مقرون به صرفه

pagar (vt)	pardāxtan	پرداختن
pagamento (m)	pardāxt	پرداخت
troco (m)	pul-e xerad	پول خرد

imposto (m)	māliyāt	مالیات
multa (f)	jarime	جریمه
multar (vt)	jarime kardan	جریمه کردن

60. Correios. Serviço postal

agência (f) dos correios	post	پست
correio (m)	post	پست
carteiro (m)	nāme resān	نامه رسان
horário (m)	sā'athā-ye kāri	ساعت های کاری

carta (f)	nāme	نامه
carta (f) registada	nāme-ye sefāreši	نامه سفارشی
cartão (m) postal	kārt-e postāl	کارت پستال
telegrama (m)	telegrām	تلگرام
encomenda (f)	baste posti	بسته پستی
transferência (f) de dinheiro	havāle	حواله

receber (vt)	gereftan	گرفتن
enviar (vt)	ferestādan	فرستادن
envio (m)	ersāl	ارسال

endereço (m)	nešāni	نشانی
código (m) postal	kod-e posti	کد پستی
remetente (m)	ferestande	فرستنده
destinatário (m)	girande	گیرنده

nome (m)	esm	اسم
sobrenome (m)	nām-e xānevādegi	نام خانوادگی

tarifa (f)	ta'refe	تعرفه
ordinário (adj)	ādi	عادی
econômico (adj)	ādi	عادی

peso (m)	vazn	وزن
pesar (estabelecer o peso)	vazn kardan	وزن کردن
envelope (m)	pākat	پاکت
selo (m) postal	tambr	تمبر
colar o selo	tamr zadan	تمبر زدن

Moradia. Casa. Lar

61. Casa. Eletricidade

eletricidade (f)	barq	برق
lâmpada (f)	lāmp	لامپ
interruptor (m)	kelid	کلید
fusível, disjuntor (m)	fiyuz	فیوز
fio, cabo (m)	sim	سیم
instalação (f) elétrica	sim keši	سیم کشی
medidor (m) de eletricidade	kontor	کنتور
indicação (f), registro (m)	dastgāh-e xaneš	دستگاه خوانش

62. Moradia. Mansão

casa (f) de campo	xāne-ye xārej-e šahr	خانهٔ خارج شهر
vila (f)	vilā	ویلا
ala (~ do edifício)	bāl	بال
jardim (m)	bāq	باغ
parque (m)	pārk	پارک
estufa (f)	golxāne	گلخانه
cuidar de …	negahdāri kardan	نگهداری کردن
piscina (f)	estaxr	استخر
academia (f) de ginástica	sālon-e varzeš	سالن ورزش
quadra (f) de tênis	zamin-e tenis	زمین تنیس
cinema (m)	sinamā	سینما
garagem (f)	gārāž	گاراژ
propriedade (f) privada	melk-e xosusi	ملک خصوصی
terreno (m) privado	melk-e xosusi	ملک خصوصی
advertência (f)	hošdār	هشدار
sinal (m) de aviso	alāmat-e hošdār	علامت هشدار
guarda (f)	hefāzat	حفاظت
guarda (m)	negahbān	نگهبان
alarme (m)	dozdgir	دزدگیر

63. Apartamento

apartamento (m)	āpārtemān	آپارتمان
quarto, cômodo (m)	otāq	اتاق
quarto (m) de dormir	otāq-e xāb	اتاق خواب

sala (f) de jantar	otāq-e qazāxori	اتاق غذاخوری
sala (f) de estar	mehmānxāne	مهمانخانه
escritório (m)	daftar	دفتر
sala (f) de entrada	tālār-e vorudi	تالار ورودی
banheiro (m)	hammām	حمام
lavabo (m)	tuālet	توالت
teto (m)	saqf	سقف
chão, piso (m)	kaf	کف
canto (m)	guše	گوشه

64. Mobiliário. Interior

mobiliário (m)	mobl	مبل
mesa (f)	miz	میز
cadeira (f)	sandali	صندلی
cama (f)	taxt-e xāb	تخت خواب
sofá, divã (m)	kānāpe	کاناپه
poltrona (f)	mobl-e rāhati	مبل راحتی
estante (f)	qafase-ye ketāb	قفسه کتاب
prateleira (f)	qafase	قفسه
guarda-roupas (m)	komod	کمد
cabide (m) de parede	raxt āviz	رخت آویز
cabideiro (m) de pé	čub lebāsi	چوب لباسی
cômoda (f)	komod	کمد
mesinha (f) de centro	miz-e pišdasti	میز پیشدستی
espelho (m)	āyene	آینه
tapete (m)	farš	فرش
tapete (m) pequeno	qāliče	قالیچه
lareira (f)	šumine	شومینه
vela (f)	šamʻ	شمع
castiçal (m)	šamʻdān	شمعدان
cortinas (f pl)	parde	پرده
papel (m) de parede	kāqaz-e divāri	کاغذ دیواری
persianas (f pl)	kerkere	کرکره
luminária (f) de mesa	čerāq-e rumizi	چراغ رومیزی
luminária (f) de parede	čerāq-e divāri	چراغ دیواری
abajur (m) de pé	ābāžur	آباژور
lustre (m)	luster	لوستر
pé (de mesa, etc.)	pāye	پایه
braço, descanso (m)	daste-ye sandali	دستهٔ صندلی
costas (f pl)	pošti	پشتی
gaveta (f)	kešow	کشو

65. Quarto de dormir

roupa (f) de cama	raxt-e xāb	رخت خواب
travesseiro (m)	bālešt	بالشت
fronha (f)	rubalešt	روبالشت
cobertor (m)	patu	پتو
lençol (m)	malāfe	ملافه
colcha (f)	rutaxti	روتختی

66. Cozinha

cozinha (f)	āšpazxāne	آشپزخانه
gás (m)	gāz	گاز
fogão (m) a gás	ojāgh-e gāz	اجاق گاز
fogão (m) elétrico	ojāgh-e barghi	اجاق برقی
forno (m)	fer	فر
forno (m) de micro-ondas	māykrofer	مایکروفر
geladeira (f)	yaxčāl	یخچال
congelador (m)	fereyzer	فریزر
máquina (f) de lavar louça	māšin-e zarfšuyi	ماشین ظرفشویی
moedor (m) de carne	čarx-e gušt	چرخ گوشت
espremedor (m)	ābmive giri	آبمیوه گیری
torradeira (f)	towster	توستر
batedeira (f)	maxlut kon	مخلوط کن
máquina (f) de café	qahve sāz	قهوه ساز
cafeteira (f)	qahve juš	قهوه جوش
moedor (m) de café	āsiyāb-e qahve	آسیاب قهوه
chaleira (f)	ketri	کتری
bule (m)	quri	قوری
tampa (f)	sarpuš	سرپوش
coador (m) de chá	čāy sāf kon	چای صاف کن
colher (f)	qāšoq	قاشق
colher (f) de chá	qāšoq čāy xori	قاشق چای خوری
colher (f) de sopa	qāšoq sup xori	قاشق سوپ خوری
garfo (m)	čangāl	چنگال
faca (f)	kārd	کارد
louça (f)	zoruf	ظروف
prato (m)	bošqāb	بشقاب
pires (m)	na'lbeki	نعلبکی
cálice (m)	gilās-e vodkā	گیلاس ودکا
copo (m)	estekān	استکان
xícara (f)	fenjān	فنجان
açucareiro (m)	qandān	قندان
saleiro (m)	namakdān	نمکدان
pimenteiro (m)	felfeldān	فلفلدان

manteigueira (f)	zarf-e kare	ظرف کره
panela (f)	qāblame	قابلمه
frigideira (f)	tābe	تابه
concha (f)	malāqe	ملاقه
coador (m)	ābkeš	آبکش
bandeja (f)	sini	سینی
garrafa (f)	botri	بطری
pote (m) de vidro	šiše	شیشه
lata (~ de cerveja)	quti	قوطی
abridor (m) de garrafa	dar bāz kon	در بازکن
abridor (m) de latas	dar bāz kon	در بازکن
saca-rolhas (m)	dar bāz kon	در بازکن
filtro (m)	filter	فیلتر
filtrar (vt)	filter kardan	فیلتر کردن
lixo (m)	āšqāl	آشغال
lixeira (f)	satl-e zobāle	سطل زباله

67. Casa de banho

banheiro (m)	hammām	حمام
água (f)	āb	آب
torneira (f)	šir	شیر
água (f) quente	āb-e dāq	آب داغ
água (f) fria	āb-e sard	آب سرد
pasta (f) de dente	xamir-e dandān	خمیر دندان
escovar os dentes	mesvāk zadan	مسواک زدن
escova (f) de dente	mesvāk	مسواک
barbear-se (vr)	riš tarāšidan	ریش تراشیدن
espuma (f) de barbear	xamir-e eslāh	خمیر اصلاح
gilete (f)	tiq	تیغ
lavar (vt)	šostan	شستن
tomar banho	hamām kardan	حمام کردن
chuveiro (m), ducha (f)	duš	دوش
tomar uma ducha	duš gereftan	دوش گرفتن
banheira (f)	vān hammām	وان حمام
vaso (m) sanitário	tuālet-e farangi	توالت فرنگی
pia (f)	sink	سینک
sabonete (m)	sābun	صابون
saboneteira (f)	jā sābun	جا صابون
esponja (f)	abr	ابر
xampu (m)	šāmpu	شامپو
toalha (f)	howle	حوله
roupão (m) de banho	howle-ye hamām	حوله حمام
lavagem (f)	raxčuyi	لباسشویی
lavadora (f) de roupas	māšin-e lebas-šui	ماشین لباسشویی

| lavar a roupa | šostan-e lebās | شستن لباس |
| detergente (m) | pudr-e lebas-šui | پودر لباسشویی |

68. Eletrodomésticos

televisor (m)	televiziyon	تلویزیون
gravador (m)	zabt-e sowt	ضبط صوت
videogravador (m)	video	ویدئو
rádio (m)	rādiyo	رادیو
leitor (m)	paxš konande	پخش کننده

projetor (m)	video porožektor	ویدئو پروژکتور
cinema (m) em casa	sinamā-ye xānegi	سینمای خانگی
DVD Player (m)	paxš konande-ye di vi di	پخش کننده دی وی دی
amplificador (m)	āmpli-fāyer	آمپلی فایر
console (f) de jogos	konsul-e bāzi	کنسول بازی

câmera (f) de vídeo	durbin-e filmbardāri	دوربین فیلمبرداری
máquina (f) fotográfica	durbin-e akkāsi	دوربین عکاسی
câmera (f) digital	durbin-e dijitāl	دوربین دیجیتال

aspirador (m)	jāru barqi	جارو برقی
ferro (m) de passar	oto	اتو
tábua (f) de passar	miz-e otu	میز اتو

telefone (m)	telefon	تلفن
celular (m)	telefon-e hamrāh	تلفن همراه
máquina (f) de escrever	māšin-e tahrir	ماشین تحریر
máquina (f) de costura	čarx-e xayyāti	چرخ خیاطی

microfone (m)	mikrofon	میکروفون
fone (m) de ouvido	guši	گوشی
controle remoto (m)	kontorol az rāh-e dur	کنترل از راه دور

CD (m)	si-di	سیدی
fita (f) cassete	kāst	کاست
disco (m) de vinil	safhe-ye gerāmāfon	صفحه گرامافون

ATIVIDADES HUMANAS

Emprego. Negócios. Parte 1

69. Escritório. O trabalho no escritório

escritório (~ de advogados)	daftar	دفتر
escritório (do diretor, etc.)	daftar	دفتر
recepção (f)	pazir-aš	پذیرش
secretário (m)	monši	منشی
secretária (f)	monši	منشی
diretor (m)	modir	مدیر
gerente (m)	modir	مدیر
contador (m)	hesābdār	حسابدار
empregado (m)	kārmand	کارمند
mobiliário (m)	mobl	مبل
mesa (f)	miz	میز
cadeira (f)	sandali dastedār	صندلی دسته دار
gaveteiro (m)	kešow	کشو
cabideiro (m) de pé	čub lebāsi	چوب لباسی
computador (m)	kāmpiyuter	کامپیوتر
impressora (f)	pirinter	پرینتر
fax (m)	faks	فکس
fotocopiadora (f)	dastgāh-e kopi	دستگاه کپی
papel (m)	kāqaz	کاغذ
artigos (m pl) de escritório	lavāzem-e tahrir	لوازم تحریر
tapete (m) para mouse	māows pad	ماوس پد
folha (f)	varaq	ورق
pasta (f)	puše	پوشه
catálogo (m)	kātālog	کاتالوگ
lista (f) telefônica	rāhnamā	راهنما
documentação (f)	asnād	اسناد
brochura (f)	borušur	بروشور
panfleto (m)	borušur	بروشور
amostra (f)	nemune	نمونه
formação (f)	āmuzeš	آموزش
reunião (f)	jalase	جلسه
hora (f) de almoço	vaqt-e nāhār	وقت ناهار
fazer uma cópia	kopi gereftan	کپی گرفتن
tirar cópias	kopi gereftan	کپی گرفتن
receber um fax	faks gereftan	فکس گرفتن
enviar um fax	faks ferestādan	فکس فرستادن

fazer uma chamada	telefon zadan	تلفن زدن
responder (vt)	javāb dādan	جواب دادن
passar (vt)	vasl šodan	وصل شدن

marcar (vt)	sāzmān dādan	سازمان دادن
demonstrar (vt)	nemāyeš dādan	نمایش دادن
estar ausente	qāyeb budan	غایب بودن
ausência (f)	qeybat	غیبت

70. Processos negociais. Parte 1

ocupação (f)	šoql	شغل
firma, empresa (f)	šerkat	شرکت
companhia (f)	kompāni	کمپانی
corporação (f)	šerkat-e sahami	شرکت سهامی
empresa (f)	šerkat	شرکت
agência (f)	namāyandegi	نمایندگی

acordo (documento)	qarārdād	قرارداد
contrato (m)	qarārdād	قرارداد
acordo (transação)	mo'āmele	معامله
pedido (m)	sefāreš	سفارش
termos (m pl)	šart	شرط

por atacado	omde furuši	عمده فروشی
por atacado (adj)	omde	عمده
venda (f) por atacado	omde furuši	عمده فروشی
a varejo	xorde-foruši	خرده فروشی
venda (f) a varejo	xorde-foruši	خرده فروشی

concorrente (m)	raqib	رقیب
concorrência (f)	reqābat	رقابت
competir (vi)	reqābat kardan	رقابت کردن

| sócio (m) | šarik | شریک |
| parceria (f) | mošārek-at | مشارکت |

crise (f)	bohrān	بحران
falência (f)	varšekastegi	ورشکستگی
entrar em falência	varšekast šodan	ورشکست شدن
dificuldade (f)	saxti	سختی
problema (m)	moškel	مشکل
catástrofe (f)	fāje'e	فاجعه

economia (f)	eqtesād	اقتصاد
econômico (adj)	eqtesādi	اقتصادی
recessão (f) econômica	rokud-e eqtesādi	رکود اقتصادی

| objetivo (m) | hadaf | هدف |
| tarefa (f) | hadaf | هدف |

comerciar (vi, vt)	tejārat kardan	تجارت کردن
rede (de distribuição)	šabake-ye towzi'	شبکة توزیع
estoque (m)	fehrest anbār	فهرست انبار

sortimento (m)	majmu'e	مجموعه
líder (m)	rahbar	رهبر
grande (~ empresa)	bozorg	بزرگ
monopólio (m)	enhesār	انحصار

teoria (f)	nazariye	نظریه
prática (f)	amal	عمل
experiência (f)	tajrobe	تجربه
tendência (f)	gerāyeš	گرایش
desenvolvimento (m)	pišraft	پیشرفت

71. Processos negociais. Parte 2

rentabilidade (f)	sud	سود
rentável (adj)	sudāvar	سودآور

delegação (f)	hey'at-e namāyandegān	هیئت نمایندگان
salário, ordenado (m)	hoquq	حقوق
corrigir (~ um erro)	eslāh kardan	اصلاح کردن
viagem (f) de negócios	ma'muriyat	مأموریت
comissão (f)	komisiyon	کمیسیون

controlar (vt)	kontorol kardan	کنترل کردن
conferência (f)	konferāns	کنفرانس
licença (f)	parvāne	پروانه
confiável (adj)	motmaen	مطمئن

empreendimento (m)	ebtekār	ابتکار
norma (f)	me'yār	معیار
circunstância (f)	vaz'iyat	وضعیت
dever (do empregado)	vazife	وظیفه

empresa (f)	šerkat	شرکت
organização (f)	sāzmāndehi	سازماندهی
organizado (adj)	sāzmān yāfte	سازمان یافته
anulação (f)	laqv	لغو
anular, cancelar (vt)	laqv kardan	لغو کردن
relatório (m)	gozāreš	گزارش

patente (f)	govāhi-ye sabt-e exterā'	گواهی ثبت اختراع
patentear (vt)	govāhi exterā' gereftan	گواهی اختراع گرفتن
planejar (vt)	barnāmerizi kardan	برنامه ریزی کردن

bônus (m)	pādāš	پاداش
profissional (adj)	herfe i	حرفه ای
procedimento (m)	tašrifāt	تشریفات

examinar (~ a questão)	barresi kardan	بررسی کردن
cálculo (m)	mohāsebe	محاسبه
reputação (f)	e'tebār	اعتبار
risco (m)	risk	ریسک

dirigir (~ uma empresa)	edāre kardan	اداره کردن
informação (f)	ettelā'āt	اطلاعات

propriedade (f)	dārāyi	دارایی
união (f)	ettehādiye	اتحادیه
seguro (m) de vida	bime-ye omr	بیمهٔ عمر
fazer um seguro	bime kardan	بیمه کردن
seguro (m)	bime	بیمه
leilão (m)	harāj	حراج
notificar (vt)	xabar dādan	خبر دادن
gestão (f)	edāre	اداره
serviço (indústria de ~s)	xedmat	خدمت
fórum (m)	ham andiši	هم اندیشی
funcionar (vi)	amal kardan	عمل کردن
estágio (m)	marhale	مرحله
jurídico, legal (adj)	hoquqi	حقوقی
advogado (m)	hoquq dān	حقوق دان

72. Produção. Trabalhos

usina (f)	kārxāne	کارخانه
fábrica (f)	kārxāne	کارخانه
oficina (f)	kārgāh	کارگاه
local (m) de produção	towlidi	تولیدی
indústria (f)	san'at	صنعت
industrial (adj)	san'ati	صنعتی
indústria (f) pesada	sanāye-'e sangin	صنایع سنگین
indústria (f) ligeira	sanāye-'e sabok	صنایع سبک
produção (f)	towlidāt	تولیدات
produzir (vt)	towlid kardan	تولید کردن
matérias-primas (f pl)	mavādd-e xām	مواد خام
chefe (m) de obras	sarkāregar	سرکارگر
equipe (f)	daste-ye kāregaran	دسته کارگران
operário (m)	kārgar	کارگر
dia (m) de trabalho	ruz-e kāri	روز کاری
intervalo (m)	esterāhat	استراحت
reunião (f)	jalase	جلسه
discutir (vt)	bahs kardan	بحث کردن
plano (m)	barnāme	برنامه
cumprir o plano	barnāme rā ejrā kardan	برنامه را اجرا کردن
taxa (f) de produção	nerx-e tolid	نرخ تولید
qualidade (f)	keyfiyat	کیفیت
controle (m)	kontorol	کنترل
controle (m) da qualidade	kontorol-e keyfi	کنترل کیفی
segurança (f) no trabalho	amniyat-e kār	امنیت کار
disciplina (f)	enzebāt	انضباط
infração (f)	naqz	نقض
violar (as regras)	naqz kardan	نقض کردن

greve (f)	e'tesāb	اعتصاب
grevista (m)	e'tesāb konande	اعتصاب کننده
estar em greve	e'tesāb kardan	اعتصاب کردن
sindicato (m)	ettehādiye-ye kārgari	اتحادیهٔ کارگری
inventar (vt)	exterā' kardan	اختراع کردن
invenção (f)	exterā'	اختراع
pesquisa (f)	tahqiq	تحقیق
melhorar (vt)	behtar kardan	بهتر کردن
tecnologia (f)	fanāvari	فناوری
desenho (m) técnico	rasm-e fani	رسم فنی
carga (f)	bār	بار
carregador (m)	bārbar	باربر
carregar (o caminhão, etc.)	bār kardan	بار کردن
carregamento (m)	bārgiri	بارگیری
descarregar (vt)	bārgiri	بارگیری
descarga (f)	bārandāz-i	باراندازی
transporte (m)	haml-o naql	حمل و نقل
companhia (f) de transporte	šerkat-e haml-o naql	شرکت حمل و نقل
transportar (vt)	haml kardan	حمل کردن
vagão (m) de carga	vāgon-e bari	واگن باری
tanque (m)	maxzan	مخزن
caminhão (m)	kāmiyon	کامیون
máquina (f) operatriz	dastgāh	دستگاه
mecanismo (m)	mekānism	مکانیسم
resíduos (m pl) industriais	zāye'āt-e san'ati	ضایعات صنعتی
embalagem (f)	baste band-i	بسته بندی
embalar (vt)	baste bandi kardan	بسته بندی کردن

73. Contrato. Acordo

contrato (m)	qarārdād	قرارداد
acordo (m)	tavāfoq-e nāme	توافق نامه
adendo, anexo (m)	zamime	ضمیمه
assinar o contrato	qarārdād bastan	قرارداد بستن
assinatura (f)	emzā'	امضاء
assinar (vt)	emzā kardan	امضا کردن
carimbo (m)	mehr	مهر
objeto (m) do contrato	mowzu-'e qarārdād	موضوع قرارداد
cláusula (f)	mādde	ماده
partes (f pl)	tarafeyn	طرفین
domicílio (m) legal	ādres-e hoquqi	آدرس حقوقی
violar o contrato	naqz kardan-e qarārdād	نقض کردن قرارداد
obrigação (f)	ta'ahhod	تعهد
responsabilidade (f)	mas'uliyat	مسئولیت
força (f) maior	šarāyet-e ezterāri	شرایط اضطراری

| litígio (m), disputa (f) | xalāf | خلاف |
| multas (f pl) | eqdāmāt-e tanbihi | اقدامات تنبیهی |

74. Importação & Exportação

importação (f)	vāredāt	واردات
importador (m)	vāred konande	وارد کننده
importar (vt)	vāred kardan	وارد کردن
de importação	vāredāti	وارداتی

exportação (f)	sāderāt	صادرات
exportador (m)	sāder konande	صادر کننده
exportar (vt)	sāder kardan	صادر کردن
de exportação	sāderāti	صادراتی

| mercadoria (f) | kālā | کالا |
| lote (de mercadorias) | mahmule | محموله |

peso (m)	vazn	وزن
volume (m)	hajm	حجم
metro (m) cúbico	metr moka'ab	متر مکعب

produtor (m)	towlid konande	تولید کننده
companhia (f) de transporte	šerkat-e haml-o naql	شرکت حمل و نقل
contêiner (m)	kāntiner	کانتینر

fronteira (f)	marz	مرز
alfândega (f)	gomrok	گمرک
taxa (f) alfandegária	avārez-e gomroki	عوارض گمرکی
funcionário (m) da alfândega	ma'mur-e gomrok	مأمور گمرک
contrabando (atividade)	qāčāq	قاچاق
contrabando (produtos)	ajnās-e qāčāq	اجناس قاچاق

75. Finanças

ação (f)	sahām	سهام
obrigação (f)	owrāq-e bahādār	اوراق بهادار
nota (f) promissória	safte	سفته

| bolsa (f) de valores | burs | بورس |
| cotação (m) das ações | nerx-e sahām | نرخ سهام |

| tornar-se mais barato | arzān šodan | ارزان شدن |
| tornar-se mais caro | gerān šodan | گران شدن |

participação (f) majoritária	manāfe-'e kontoroli	منافع کنترلی
investimento (m)	sarmāye gozāri	سرمایه گذاری
investir (vt)	sarmāye gozāri kardan	سرمایه گذاری کردن
porcentagem (f)	darsad	درصد
juros (m pl)	sud	سود
lucro (m)	sud	سود
lucrativo (adj)	sudāvar	سودآور

imposto (m)	māliyāt	مالیات
divisa (f)	arz	ارز
nacional (adj)	melli	ملی
câmbio (m)	tabādol	تبادل

contador (m)	hesābdār	حسابدار
contabilidade (f)	hesābdāri	حسابداری

falência (f)	varšekastegi	ورشکستگی
falência, quebra (f)	šekast	شکست
ruína (f)	varšekastegi	ورشکستگی
estar quebrado	varšekast šodan	ورشکست شدن
inflação (f)	tavarrom	تورم
desvalorização (f)	taqlil-e arzeš-e pul	تقلیل ارزش پول

capital (m)	sarmāye	سرمایه
rendimento (m)	darāmad	درآمد
volume (m) de negócios	gardeš mo'āmelāt	گردش معاملات
recursos (m pl)	manābe'	منابع
recursos (m pl) financeiros	manābe-'e puli	منابع پولی

despesas (f pl) gerais	maxārej-e kolli	مخارج کلی
reduzir (vt)	kam kardan	کم کردن

76. Marketing

marketing (m)	bāzāryābi	بازاریابی
mercado (m)	bāzār	بازار
segmento (m) do mercado	baxše bāzār	بخش بازار

produto (m)	mahsul	محصول
mercadoria (f)	kālā	کالا

marca (f)	barand	برند
marca (f) registrada	nešān tejāri	نشان تجاری

logotipo (m)	logo	لوگو
logo (m)	logo	لوگو

demanda (f)	taqāzā	تقاضا
oferta (f)	arze	عرضه

necessidade (f)	ehtiyāj	احتیاج
consumidor (m)	masraf-e konande	مصرف کننده

análise (f)	tahlil	تحلیل
analisar (vt)	tahlil kardan	تحلیل کردن

posicionamento (m)	mowze' giri	موضع گیری
posicionar (vt)	mowze' giri kardan	موضع گیری کردن

preço (m)	qeymat	قیمت
política (f) de preços	siyāsat-e qeymat-e gozār-i	سیاست قیمت گذاری
formação (f) de preços	qeymat gozāri	قیمت گذاری

77. Publicidade

publicidade (f)	āgahi	آگهی
fazer publicidade	tabliq kardan	تبلیغ کردن
orçamento (m)	budje	بودجه
anúncio (m)	āgahi	آگهی
publicidade (f) na TV	tabliqāt-e televiziyoni	تبلیغات تلویزیونی
publicidade (f) na rádio	tabliqāt-e rādiyoyi	تبلیغات رادیویی
publicidade (f) exterior	āgahi-ye biruni	آگهی بیرونی
comunicação (f) de massa	resāne-hay-e jam'i	رسانه های جمعی
periódico (m)	našriye-ye dowrei	نشریهٔ دوره ای
imagem (f)	temsāl	تمثال
slogan (m)	šo'ār	شعار
mote (m), lema (f)	šo'ār	شعار
campanha (f)	kampeyn	کمپین
campanha (f) publicitária	kampeyn-e tabliqāti	کمپین تبلیغاتی
grupo (m) alvo	goruh-e hadaf	گروه هدف
cartão (m) de visita	kārt-e vizit	کارت ویزیت
panfleto (m)	borušur	بروشور
brochura (f)	borušur	بروشور
folheto (m)	ketābče	کتابچه
boletim (~ informativo)	xabarnāme	خبرنامه
letreiro (m)	tāblo	تابلو
cartaz, pôster (m)	poster	پوستر
painel (m) publicitário	bilbord	بیلبورد

78. Banca

banco (m)	bānk	بانک
balcão (f)	šo'be	شعبه
consultor (m) bancário	mošāver	مشاور
gerente (m)	modir	مدیر
conta (f)	hesāb-e bānki	حساب بانکی
número (m) da conta	šomāre-ye hesāb	شمارهٔ حساب
conta (f) corrente	hesāb-e jāri	حساب جاری
conta (f) poupança	hesāb-e pasandāz	حساب پس انداز
abrir uma conta	hesāb-e bāz kardan	حساب باز کردن
fechar uma conta	hesāb rā bastan	حساب را بستن
depositar na conta	be hesāb rixtan	به حساب ریختن
sacar (vt)	az hesāb bardāštan	از حساب برداشتن
depósito (m)	seporde	سپرده
fazer um depósito	seporde gozāštan	سپرده گذاشتن
transferência (f) bancária	enteqāl	انتقال

transferir (vt)	enteqāl dādan	انتقال دادن
soma (f)	jam'-e kol	جمع كل
Quanto?	čeqadr?	چقدر؟

| assinatura (f) | emzā' | امضاء |
| assinar (vt) | emzā kardan | امضا كردن |

cartão (m) de crédito	kārt-e e'tebāri	كارت اعتبارى
senha (f)	kod	كد
número (m) do cartão de crédito	šomāre-ye kārt-e e'tebāri	شماره كارت اعتبارى
caixa (m) eletrônico	xodpardāz	خودپرداز

cheque (m)	ček	چک
passar um cheque	ček neveštan	چک نوشتن
talão (m) de cheques	daste-ye ček	دسته چک

empréstimo (m)	e'tebār	اعتبار
pedir um empréstimo	darxāst-e vam kardan	درخواست وام كردن
obter empréstimo	vām gereftan	وام گرفتن
dar um empréstimo	vām dādan	وام دادن
garantia (f)	zemānat	ضمانت

79. Telefone. Conversação telefônica

telefone (m)	telefon	تلفن
celular (m)	telefon-e hamrāh	تلفن همراه
secretária (f) eletrônica	monši-ye telefoni	منشى تلفنى

| fazer uma chamada | telefon zadan | تلفن زدن |
| chamada (f) | tamās-e telefoni | تماس تلفنى |

discar um número	šomāre gereftan	شماره گرفتن
Alô!	alo!	الو!
perguntar (vt)	porsidan	پرسيدن
responder (vt)	javāb dādan	جواب دادن

ouvir (vt)	šenidan	شنيدن
bem	xub	خوب
mal	bad	بد
ruído (m)	sedā	صدا

fone (m)	guši	گوشى
pegar o telefone	guši rā bar dāštan	گوشى را برداشتن
desligar (vi)	guši rā gozāštan	گوشى را گذاشتن

ocupado (adj)	mašqul	مشغول
tocar (vi)	zang zadan	زنگ زدن
lista (f) telefônica	daftar-e telefon	دفتر تلفن
local (adj)	mahalli	محلى
chamada (f) local	telefon-e dāxeli	تلفن داخلى
de longa distância	beyn-e šahri	بين شهرى
chamada (f) de longa distância	telefon-e beyn-e šahri	تلفن بين شهرى

| internacional (adj) | beynolmelali | بین المللی |
| chamada (f) internacional | telefon-e beynolmelali | تلفن بین المللی |

80. Telefone móvel

celular (m)	telefon-e hamrāh	تلفن همراه
tela (f)	namāyešgar	نمایشگر
botão (m)	dokme	دکمه
cartão SIM (m)	sim-e kārt	سیم کارت

bateria (f)	bātri	باطری
descarregar-se (vr)	tamām šodan bātri	تمام شدن باتری
carregador (m)	šāržer	شارژ

| menu (m) | meno | منو |
| configurações (f pl) | tanzimāt | تنظیمات |

| melodia (f) | āhang | آهنگ |
| escolher (vt) | entexāb kardan | انتخاب کردن |

calculadora (f)	māšin-e hesāb	ماشین حساب
correio (m) de voz	monši-ye telefoni	منشی تلفنی
despertador (m)	sā'at-e zang dār	ساعت زنگ دار
contatos (m pl)	daftar-e telefon	دفتر تلفن

| mensagem (f) de texto | payāmak | پیامک |
| assinante (m) | moštarek | مشترک |

81. Estacionário

| caneta (f) | xodkār | خودکار |
| caneta (f) tinteiro | xodnevis | خودنویس |

lápis (m)	medād	مداد
marcador (m) de texto	māžik	ماژیک
caneta (f) hidrográfica	māžik	ماژیک

| bloco (m) de notas | daftar-e yāddāšt | دفتر یادداشت |
| agenda (f) | daftar-e yāddāšt | دفتر یادداشت |

régua (f)	xat keš	خط کش
calculadora (f)	māšin-e hesāb	ماشین حساب
borracha (f)	pāk kon	پاک کن

| alfinete (m) | punez | پونز |
| clipe (m) | gire | گیره |

| cola (f) | časb | چسب |
| grampeador (m) | mangane-ye zan | منگنه زن |

| furador (m) de papel | pānč | پانچ |
| apontador (m) | madād-e tarāš | مداد تراش |

82. Tipos de negócios

serviços (m pl) de contabilidade	xadamāt-e hesābdāri	خدمات حسابداری
publicidade (f)	āgahi	آگهی
agência (f) de publicidade	āžāns-e tabliqāti	آژانس تبلیغاتی
ar (m) condicionado	tahviye-ye matbu'	تهویه مطبوع
companhia (f) aérea	šerkat-e havāpeymāyi	شرکت هواپیمایی

bebidas (f pl) alcoólicas	mašrubāt-e alkoli	مشروبات الکلی
comércio (m) de antiguidades	atiqe	عتیقه
galeria (f) de arte	gāleri-ye honari	گالری هنری
serviços (m pl) de auditoria	xadamāt-e momayyezi	خدمات ممیزی

negócios (m pl) bancários	bānk-dāri	بانکداری
bar (m)	bār	بار
salão (m) de beleza	sālon-e zibāyi	سالن زیبایی
livraria (f)	ketāb-foruši	کتاب فروشی
cervejaria (f)	ābe jow-sāzi	آب جوسازی
centro (m) de escritórios	markaz-e tejāri	مرکز تجاری
escola (f) de negócios	moassese-ye bāzargāni	موسسه بازرگانی

cassino (m)	kāzino	کازینو
construção (f)	sāxtemān	ساختمان
consultoria (f)	mošavere	مشاوره

clínica (f) dentária	dandān-e pezeški	دندان پزشکی
design (m)	tarrāhi	طراحی
drogaria (f)	dāruxāne	داروخانه
lavanderia (f)	xošk-šuyi	خشکشویی
agência (f) de emprego	āžāns-e kāryābi	آژانس کاریابی

serviços (m pl) financeiros	xadamāt-e māli	خدمات مالی
alimentos (m pl)	mavādd-e qazāyi	مواد غذایی
funerária (f)	xadamat-e kafno dafn	خدمات کفن ودفن
mobiliário (m)	mobl	مبل
roupa (f)	lebās	لباس
hotel (m)	hotel	هتل

sorvete (m)	bastani	بستنی
indústria (f)	san'at	صنعت
seguro (~ de vida, etc.)	bime	بیمه
internet (f)	internet	اینترنت
investimento (m)	sarmāye gozāri	سرمایه گذاری

joalheiro (m)	javāheri	جواهری
joias (f pl)	javāherāt	جواهرات
lavanderia (f)	xošk-šuyi	خشکشویی
assessorias (f pl) jurídicas	xadamāt-e hoquqi	خدمات حقوقی
indústria (f) ligeira	sanāye-'e sabok	صنایع سبک

revista (f)	majalle	مجله
vendas (f pl) por catálogo	foruš-e sefāreš-e posti	فروش سفارش پستی
medicina (f)	pezeški	پزشکی
cinema (m)	sinamā	سینما

museu (m)	muze	موزه
agência (f) de notícias	xabar-gozari	خبرگزاری
jornal (m)	ruznāme	روزنامه
boate (casa noturna)	kābāre	کاباره

petróleo (m)	naft	نفت
serviços (m pl) de remessa	xadamāt-e post	خدمات پست
indústria (f) farmacêutica	dārusāzi	داروسازی
tipografia (f)	sahhāfi	صحافی
editora (f)	entešārāt	انتشارات

rádio (m)	rādiyo	رادیو
imobiliário (m)	amvāl-e qeyr-e manqul	اموال غیر منقول
restaurante (m)	resturān	رستوران

empresa (f) de segurança	āžāns-e amniyati	آژانس امنیتی
esporte (m)	varzeš	ورزش
bolsa (f) de valores	burs	بورس
loja (f)	maqāze	مغازه
supermercado (m)	supermārket	سوپرمارکت
piscina (f)	estaxr	استخر

alfaiataria (f)	xayyāti	خیاطی
televisão (f)	televiziyon	تلویزیون
teatro (m)	teātr	تئاتر
comércio (m)	tejārat	تجارت
serviços (m pl) de transporte	haml-o naql	حمل و نقل
viagens (f pl)	turism	توریسم

veterinário (m)	dāmpezešk	دامپزشک
armazém (m)	anbār	انبار
recolha (f) do lixo	jam āvari-ye zobāle	جمع آوری زباله

Emprego. Negócios. Parte 2

83. Espetáculo. Feira

feira, exposição (f)	namāyešgāh	نمایشگاه
feira (f) comercial	namāyešgāh-e tejāri	نمایشگاه تجاری
participação (f)	šerkat	شرکت
participar (vi)	šerkat kardan	شرکت کردن
participante (m)	šerekat konande	شرکت کننده
diretor (m)	ra'is	رئیس
direção (f)	daftar-e modiriyat	دفتر مدیریت
organizador (m)	sāzmān dahande	سازمان دهنده
organizar (vt)	sāzmān dādan	سازمان دادن
ficha (f) de inscrição	darxāst-e šerkat	درخواست شرکت
preencher (vt)	por kardan	پر کردن
detalhes (m pl)	joz'iyāt	جزئیات
informação (f)	ettelā'āt	اطلاعات
preço (m)	arzeš	ارزش
incluindo	šāmel	شامل
incluir (vt)	šāmel šodan	شامل شدن
pagar (vt)	pardāxtan	پرداختن
taxa (f) de inscrição	haqq-e sabt	حق ثبت
entrada (f)	vorud	ورود
pavilhão (m), salão (f)	qorfe	غرفه
inscrever (vt)	sabt kardan	ثبت کردن
crachá (m)	kārt-e šenāsāyi	کارت شناسایی
stand (m)	qorfe	غرفه
reservar (vt)	rezerv kardan	رزرو کردن
vitrine (f)	vitrin	ویترین
lâmpada (f)	nurafkan	نورافکن
design (m)	tarh	طرح
pôr (posicionar)	qarār dādan	قرار دادن
ser colocado, -a	qarār gereftan	قرار گرفتن
distribuidor (m)	towzi' konande	توزیع کننده
fornecedor (m)	arze konande	عرضه کننده
fornecer (vt)	arze kardan	عرضه کردن
país (m)	kešvar	کشور
estrangeiro (adj)	xāreji	خارجی
produto (m)	mahsul	محصول
associação (f)	anjoman	انجمن
sala (f) de conferência	tālār-e konferāns	تالار کنفرانس

| congresso (m) | kongere | کنگره |
| concurso (m) | mosābeqe | مسابقه |

visitante (m)	bāzdid konande	بازدید کننده
visitar (vt)	bāzdid kardan	بازدید کردن
cliente (m)	moštari	مشتری

84. Ciência. Investigação. Cientistas

ciência (f)	elm	علم
científico (adj)	elmi	علمی
cientista (m)	dānešmand	دانشمند
teoria (f)	nazariye	نظریه

axioma (m)	qā'ede-ye kolli	قاعده کلی
análise (f)	tahlil	تحلیل
analisar (vt)	tahlil kardan	تحلیل کردن
argumento (m)	dalil	دلیل
substância (f)	mādde	ماده

hipótese (f)	farziye	فرضیه
dilema (m)	dorāhi	دوراهی
tese (f)	pāyān nāme	پایان نامه
dogma (m)	aqide	عقیده

doutrina (f)	doktorin	دکترین
pesquisa (f)	tahqiq	تحقیق
pesquisar (vt)	tahghigh kardan	تحقیق کردن
testes (m pl)	āzmāyeš	آزمایش
laboratório (m)	āzmāyešgāh	آزمایشگاه

método (m)	raveš	روش
molécula (f)	molekul	مولکول
monitoramento (m)	nozzār-at	نظارت
descoberta (f)	kašf	کشف

postulado (m)	engāre	انگاره
princípio (m)	asl	اصل
prognóstico (previsão)	piš bini	پیش بینی
prognosticar (vt)	pišbini kardan	پیش بینی کردن

síntese (f)	santez	سنتز
tendência (f)	gerāyeš	گرایش
teorema (m)	qaziye	قضیه

ensinamentos (m pl)	āmuzeš	آموزش
fato (m)	haqiqat	حقیقت
expedição (f)	safar	سفر
experiência (f)	āzmāyeš	آزمایش

acadêmico (m)	ozv-e ākādemi	عضو آکادمی
bacharel (m)	lisāns	لیسانس
doutor (m)	pezešk	پزشک
professor (m) associado	dānešyār	دانشیار

| mestrado (m) | foqe lisāns | فوق لیسانس |
| professor (m) | porofosor | پروفسور |

Profissões e ocupações

85. Procura de emprego. Demissão

trabalho (m)	kār	كار
equipe (f)	kārmandān	كارمندان
pessoal (m)	kādr	كادر
carreira (f)	šoql	شغل
perspectivas (f pl)	durnamā	دورنما
habilidades (f pl)	mahārat	مهارت
seleção (f)	entexāb	انتخاب
agência (f) de emprego	āžāns-e kāryābi	آژانس كاريابى
currículo (m)	rezume	رزومه
entrevista (f) de emprego	mosāhabe-ye kari	مصاحبه كارى
vaga (f)	post-e xāli	پست خالى
salário (m)	hoquq	حقوق
salário (m) fixo	darāmad-e s ābet	درآمد ثابت
pagamento (m)	pardāxt	پرداخت
cargo (m)	šoql	شغل
dever (do empregado)	vazife	وظيفه
gama (f) de deveres	šarh-e vazāyef	شرح وظايف
ocupado (adj)	mašqul	مشغول
despedir, demitir (vt)	exrāj kardan	اخراج كردن
demissão (f)	exrāj	اخراج
desemprego (m)	bikāri	بيكارى
desempregado (m)	bikār	بيكار
aposentadoria (f)	mostamerri	مستمرى
aposentar-se (vr)	bāznešaste šodan	بازنشسته شدن

86. Gente de negócios

diretor (m)	modir	مدير
gerente (m)	modir	مدير
patrão, chefe (m)	ra'is	رئيس
superior (m)	māfowq	مافوق
superiores (m pl)	roasā	رؤسا
presidente (m)	ra'is jomhur	رئيس جمهور
chairman (m)	ra'is	رئيس
substituto (m)	mo'āven	معاون
assistente (m)	mo'āven	معاون

secretário (m)	monši	منشی
secretário (m) pessoal	dastyār-e šaxsi	دستیار شخصی
homem (m) de negócios	bāzargān	بازرگان
empreendedor (m)	kārāfarin	کارآفرین
fundador (m)	moasses	مؤسس
fundar (vt)	ta'sis kardan	تأسیس کردن
principiador (m)	hamkār	همکار
parceiro, sócio (m)	šarik	شریک
acionista (m)	sahāmdār	سهامدار
milionário (m)	milyuner	میلیونر
bilionário (m)	milyārder	میلیاردر
proprietário (m)	sāheb	صاحب
proprietário (m) de terras	zamin-dār	زمین دار
cliente (m)	xaridār	خریدار
cliente (m) habitual	xaridār-e dāemi	خریدار دائمی
comprador (m)	xaridār	خریدار
visitante (m)	bāzdid konande	بازدید کننده
profissional (m)	herfe i	حرفه ای
perito (m)	kāršenās	کارشناس
especialista (m)	motexasses	متخصص
banqueiro (m)	kārmand-e bānk	کارمند بانک
corretor (m)	dallāl-e kārgozār	دلال کارگزار
caixa (m, f)	sanduqdār	صندوقدار
contador (m)	hesābdār	حسابدار
guarda (m)	negahbān	نگهبان
investidor (m)	sarmāye gozār	سرمایه گذار
devedor (m)	bedehkār	بدهکار
credor (m)	talabkār	طلبکار
mutuário (m)	vām girande	وام گیرنده
importador (m)	vāred konande	وارد کننده
exportador (m)	sāder konande	صادر کننده
produtor (m)	towlid konande	تولید کننده
distribuidor (m)	towzi' konande	توزیع کننده
intermediário (m)	vāsete	واسطه
consultor (m)	mošāver	مشاور
representante comercial	namāyande	نماینده
agente (m)	namāyande	نماینده
agente (m) de seguros	namāyande-ye bime	نمایندۀ بیمه

87. Profissões de serviços

cozinheiro (m)	āšpaz	آشپز
chefe (m) de cozinha	sarāšpaz	سرآشپز

padeiro (m)	nānvā	نانوا
barman (m)	motesaddi-ye bār	متصدی بار
garçom (m)	pišxedmat	پیشخدمت
garçonete (f)	pišxedmat	پیشخدمت

advogado (m)	vakil	وکیل
jurista (m)	hoquq dān	حقوق دان
notário (m)	daftardār	دفتردار

eletricista (m)	barq-e kār	برق کار
encanador (m)	lule keš	لوله کش
carpinteiro (m)	najjār	نجار

massagista (m)	māsāž dahande	ماساژ دهنده
massagista (f)	māsāž dahande	ماساژ دهنده
médico (m)	pezešk	پزشک

taxista (m)	rānande-ye tāksi	راننده تاکسی
condutor (automobilista)	rānande	راننده
entregador (m)	peyk	پیک

camareira (f)	mostaxdem	مستخدم
guarda (m)	negahbān	نگهبان
aeromoça (f)	mehmāndār-e havāpeymā	مهماندار هواپیما

professor (m)	mo'allem	معلم
bibliotecário (m)	ketābdār	کتابدار
tradutor (m)	motarjem	مترجم
intérprete (m)	motarjem-e šafāhi	مترجم شفاهی
guia (m)	rāhnamā-ye tur	راهنمای تور

cabeleireiro (m)	ārāyešgar	آرایشگر
carteiro (m)	nāme resān	نامه رسان
vendedor (m)	forušande	فروشنده

jardineiro (m)	bāqbān	باغبان
criado (m)	nowkar	نوکر
criada (f)	xedmatkār	خدمتکار
empregada (f) de limpeza	zan-e nezāfatči	زن نظافتچی

88. Profissões militares e postos

soldado (m) raso	sarbāz	سرباز
sargento (m)	goruhbān	گروهبان
tenente (m)	sotvān	ستوان
capitão (m)	kāpitān	کاپیتان

major (m)	sargord	سرگرد
coronel (m)	sarhang	سرهنگ
general (m)	ženerāl	ژنرال
marechal (m)	māršāl	مارشال
almirante (m)	daryāsālār	دریاسالار
militar (m)	nezāmi	نظامی
soldado (m)	sarbāz	سرباز

oficial (m)	afsar	افسر
comandante (m)	farmãndeh	فرمانده

guarda (m) de fronteira	marzbãn	مرزبان
operador (m) de rádio	bisim či	بیسیم چی
explorador (m)	ettelā'āti	اطلاعاتی
sapador-mineiro (m)	mohandes estehkāmāt	مهندس استحکامات
atirador (m)	tirandāz	تیرانداز
navegador (m)	nāvbar	ناور

89. Oficiais. Padres

rei (m)	šāh	شاه
rainha (f)	maleke	ملکه

príncipe (m)	šāhzāde	شاهزاده
princesa (f)	pranses	پرنسس

czar (m)	tezār	تزار
czarina (f)	maleke	ملکه

presidente (m)	ra'is jomhur	رئیس جمهور
ministro (m)	vazir	وزیر
primeiro-ministro (m)	noxost vazir	نخست وزیر
senador (m)	senātor	سناتور

diplomata (m)	diplomāt	دیپلمات
cônsul (m)	konsul	کنسول
embaixador (m)	safir	سفیر
conselheiro (m)	mošāver	مشاور

funcionário (m)	kārmand	کارمند
prefeito (m)	baxšdār	بخشدار
Presidente (m) da Câmara	šahrdār	شهردار

juiz (m)	qāzi	قاضی
procurador (m)	dādsetān	دادستان

missionário (m)	misiyoner	میسیونر
monge (m)	rāheb	راهب
abade (m)	rāheb-e bozorg	راهب بزرگ
rabino (m)	xāxām	خاخام

vizir (m)	vazir	وزیر
xá (m)	šāh	شاه
xeique (m)	šeyx	شیخ

90. Profissões agrícolas

abelheiro (m)	zanburdār	زنبوردار
pastor (m)	čupān	چوپان
agrônomo (m)	motexasses-e kešāvarzi	متخصص کشاورزی

| criador (m) de gado | dāmparvar | دامپرور |
| veterinário (m) | dāmpezešk | دامپزشک |

agricultor, fazendeiro (m)	kešāvarz	کشاورز
vinicultor (m)	šarāb sāz	شراب ساز
zoólogo (m)	jānevar-šenās	جانور شناس
vaqueiro (m)	gāvčerān	گاوچران

91. Profissões artísticas

| ator (m) | bāzigar | بازیگر |
| atriz (f) | bāzigar | بازیگر |

| cantor (m) | xānande | خواننده |
| cantora (f) | xānande | خواننده |

| bailarino (m) | raqqās | رقاص |
| bailarina (f) | raqqāse | رقاصه |

| artista (m) | honarpiše | هنرپیشه |
| artista (f) | honarpiše | هنرپیشه |

músico (m)	muzisiyan	موزیسین
pianista (m)	piyānist	پیانیست
guitarrista (m)	gitārist	گیتاریست

maestro (m)	rahbar-e orkestr	رهبر ارکستر
compositor (m)	āhangsāz	آهنگساز
empresário (m)	modir-e operā	مدیر اپرا

diretor (m) de cinema	kārgardān	کارگردان
produtor (m)	tahiye konande	تهیه کننده
roteirista (m)	senārist	سناریست
crítico (m)	montaqed	منتقد

escritor (m)	nevisande	نویسنده
poeta (m)	šā'er	شاعر
escultor (m)	mojassame sāz	مجسمه ساز
pintor (m)	naqqāš	نقاش

malabarista (m)	tardast	تردست
palhaço (m)	dalqak	دلقک
acrobata (m)	ākrobāt	آکروبات
ilusionista (m)	šo'bade bāz	شعبده باز

92. Várias profissões

médico (m)	pezešk	پزشک
enfermeira (f)	parastār	پرستار
psiquiatra (m)	ravānpezešk	روانپزشک
dentista (m)	dandān pezešk	دندان پزشک
cirurgião (m)	jarrāh	جراح

astronauta (m)	fazānavard	فضانورد
astrônomo (m)	setāre-šenās	ستاره شناس
piloto (m)	xalabān	خلبان
motorista (m)	rānande	راننده
maquinista (m)	rānande	راننده
mecânico (m)	mekānik	مکانیک
mineiro (m)	ma'danči	معدنچی
operário (m)	kārgar	کارگر
serralheiro (m)	qofl sāz	قفل ساز
marceneiro (m)	najjār	نجار
torneiro (m)	tarrāš kār	تراش کار
construtor (m)	kārgar-e sāxtemāni	کارگر ساختمانی
soldador (m)	juš kār	جوش کار
professor (m)	porofosor	پروفسور
arquiteto (m)	me'mār	معمار
historiador (m)	movarrex	مورخ
cientista (m)	dānešmand	دانشمند
físico (m)	fizikdān	فیزیکدان
químico (m)	šimi dān	شیمی دان
arqueólogo (m)	bāstān-šenās	باستان شناس
geólogo (m)	zamin-šenās	زمین شناس
pesquisador (cientista)	pažuhešgar	پژوهشگر
babysitter, babá (f)	parastār bače	پرستار بچه
professor (m)	āmuzgār	آموزگار
redator (m)	virāstār	ویراستار
redator-chefe (m)	sardabir	سردبیر
correspondente (m)	xabarnegār	خبرنگار
datilógrafa (f)	māšin nevis	ماشین نویس
designer (m)	tarāh	طراح
especialista (m) em informática	kāršenās kāmpiyuter	کارشناس کامپیوتر
programador (m)	barnāme-ye nevis	برنامه نویس
engenheiro (m)	mohandes	مهندس
marujo (m)	malavān	ملوان
marinheiro (m)	malavān	ملوان
socorrista (m)	nejāt-e dahande	نجات دهنده
bombeiro (m)	ātaš nešān	آتش نشان
polícia (m)	polis	پلیس
guarda-noturno (m)	mohāfez	محافظ
detetive (m)	kārāgāh	کارآگاه
funcionário (m) da alfândega	ma'mur-e gomrok	مامور گمرک
guarda-costas (m)	mohāfez-e šaxsi	محافظ شخصی
guarda (m) prisional	negahbān zendān	نگهبان زندان
inspetor (m)	bāzres	بازرس
esportista (m)	varzeškār	ورزشکار
treinador (m)	morabbi	مربی

açougueiro (m)	qassāb	قصاب
sapateiro (m)	kaffāš	کفاش
comerciante (m)	bāzargān	بازرگان
carregador (m)	bārbar	باربر
estilista (m)	tarrāh-e lebas	طراح لباس
modelo (f)	model-e zan	مدل زن

93. Ocupações. Estatuto social

estudante (~ de escola)	dāneš-āmuz	دانش آموز
estudante (~ universitária)	dānešju	دانشجو
filósofo (m)	filsuf	فیلسوف
economista (m)	eqtesāddān	اقتصاددان
inventor (m)	moxtare'	مخترع
desempregado (m)	bikār	بیکار
aposentado (m)	bāznešaste	بازنشسته
espião (m)	jāsus	جاسوس
preso, prisioneiro (m)	zendāni	زندانی
grevista (m)	e'tesāb konande	اعتصاب کننده
burocrata (m)	ma'mur-e edāri	مأمور اداری
viajante (m)	mosāfer	مسافر
homossexual (m)	hamjens-e bāz	همجنس باز
hacker (m)	haker	هکر
hippie (m, f)	hipi	هیپی
bandido (m)	rāhzan	راهزن
assassino (m)	ādamkoš	آدمکش
drogado (m)	mo'tād	معتاد
traficante (m)	forušande-ye mavādd-e moxadder	فروشندهٔ مواد مخدر
prostituta (f)	fāheše	فاحشه
cafetão (m)	jākeš	جاکش
bruxo (m)	jādugar	جادوگر
bruxa (f)	jādugar	جادوگر
pirata (m)	dozd-e daryāyi	دزد دریایی
escravo (m)	borde	برده
samurai (m)	sāmurāyi	ساموراپی
selvagem (m)	vahši	وحشی

Educação

94. Escola

escola (f)	madrese	مدرسه
diretor (m) de escola	modir-e madrese	مدیر مدرسه
aluno (m)	dāneš-āmuz	دانش آموز
aluna (f)	dāneš-āmuz	دانش آموز
estudante (m)	dāneš-āmuz	دانش آموز
estudante (f)	dāneš-āmuz	دانش آموز
ensinar (vt)	āmuxtan	آموختن
aprender (vt)	yād gereftan	یاد گرفتن
decorar (vt)	az hefz kardan	از حفظ کردن
estudar (vi)	yād gereftan	یاد گرفتن
estar na escola	tahsil kardan	تحصیل کردن
ir à escola	madrese raftan	مدرسه رفتن
alfabeto (m)	alefbā	الفبا
disciplina (f)	mabhas	مبحث
sala (f) de aula	kelās	کلاس
lição, aula (f)	dars	درس
recreio (m)	zang-e tafrih	زنگ تفریح
toque (m)	zang	زنگ
classe (f)	miz-e tahrir	میز تحریر
quadro (m) negro	taxte-ye siyāh	تخته سیاه
nota (f)	nomre	نمره
boa nota (f)	nomre-ye xub	نمرۀ خوب
nota (f) baixa	nomre-ye bad	نمرۀ بد
dar uma nota	nomre gozāštan	نمره گذاشتن
erro (m)	eštebāh	اشتباه
errar (vi)	eštebāh kardan	اشتباه کردن
corrigir (~ um erro)	eslāh kardan	اصلاح کردن
cola (f)	taqallob	تقلب
dever (m) de casa	taklif manzel	تکلیف منزل
exercício (m)	tamrin	تمرین
estar presente	hozur dāštan	حضور داشتن
estar ausente	qāyeb budan	غایب بودن
faltar às aulas	az madrese qāyeb budan	ازمدرسه غایب بودن
punir (vt)	tanbih kardan	تنبیه کردن
punição (f)	tanbih	تنبیه
comportamento (m)	raftār	رفتار

boletim (m) escolar	gozāreš-e ruzāne	گزارش روزانه
lápis (m)	medād	مداد
borracha (f)	pāk kon	پاک کن
giz (m)	gač	گچ
porta-lápis (m)	qalamdān	قلمدان

mala, pasta, mochila (f)	kif madrese	کیف مدرسه
caneta (f)	xodkār	خودکار
caderno (m)	daftar	دفتر
livro (m) didático	ketāb-e darsi	کتاب درسی
compasso (m)	pargār	پرگار

traçar (vt)	rasm kardan	رسم کردن
desenho (m) técnico	rasm-e fani	رسم فنی

poesia (f)	še'r	شعر
de cor	az hefz	از حفظ
decorar (vt)	az hefz kardan	از حفظ کردن

férias (f pl)	ta'tilāt	تعطیلات
estar de férias	dar ta'tilāt budan	در تعطیلات بودن
passar as férias	ta'tilāt rā gozarāndan	تعطیلات را گذراندن

teste (m), prova (f)	emtehān	امتحان
redação (f)	enšā'	انشاء
ditado (m)	dikte	دیکته
exame (m), prova (f)	emtehān	امتحان
fazer prova	emtehān dādan	امتحان دادن
experiência (~ química)	āzmāyeš	آزمایش

95. Colégio. Universidade

academia (f)	farhangestān	فرهنگستان
universidade (f)	dānešgāh	دانشگاه
faculdade (f)	dāneškade	دانشکده

estudante (m)	dānešju	دانشجو
estudante (f)	dānešju	دانشجو
professor (m)	ostād	استاد

auditório (m)	kelās	کلاس
graduado (m)	fāreqottahsil	فارغ التحصیل

diploma (m)	diplom	دیپلم
tese (f)	pāyān nāme	پایان نامه

estudo (obra)	tahqiqe elmi	تحقیق علمی
laboratório (m)	āzmāyešgāh	آزمایشگاه

palestra (f)	soxanrāni	سخنرانی
colega (m) de curso	ha mdowre i	هم دوره ای

bolsa (f) de estudos	burse tahsili	بورس تحصیلی
grau (m) acadêmico	daraje-ye elmi	درجهٔ علمی

96. Ciências. Disciplinas

matemática (f)	riyāziyāt	رياضيات
álgebra (f)	jabr	جبر
geometria (f)	hendese	هندسه

astronomia (f)	setāre-šenāsi	ستاره شناسى
biologia (f)	zist-šenāsi	زيست شناسى
geografia (f)	joqrāfiyā	جغرافيا
geologia (f)	zamin-šenāsi	زمين شناسى
história (f)	tārix	تاريخ

medicina (f)	pezeški	پزشكى
pedagogia (f)	olume tarbiyati	علوم تربيتى
direito (m)	hoquq	حقوق

física (f)	fizik	فيزيک
química (f)	šimi	شيمى
filosofia (f)	falsafe	فلسفه
psicologia (f)	ravānšenāsi	روانشناسى

97. Sistema de escrita. Ortografia

gramática (f)	gerāmer	گرامر
vocabulário (m)	vājegān	واژگان
fonética (f)	sadā-šenāsi	صداشناسى

substantivo (m)	esm	اسم
adjetivo (m)	sefat	صفت
verbo (m)	fe'l	فعل
advérbio (m)	qeyd	قيد

pronome (m)	zamir	ضمير
interjeição (f)	harf-e nedā	حرف ندا
preposição (f)	harf-e ezāfe	حرف اضافه

raiz (f)	riše-ye kalame	ريشه كلمه
terminação (f)	pasvand	پسوند
prefixo (m)	pišvand	پيشوند
sílaba (f)	hejā	هجا
sufixo (m)	pasvand	پسوند

acento (m)	fešar-e hejā	فشار هجا
apóstrofo (f)	āpostrof	آپوستروف

ponto (m)	noqte	نقطه
vírgula (f)	virgul	ويرگول
ponto e vírgula (m)	noqte virgul	نقطه ويرگول
dois pontos (m pl)	donoqte	دونقطه
reticências (f pl)	čand noqte	چند نقطه

ponto (m) de interrogação	alāmat-e soāl	علامت سؤال
ponto (m) de exclamação	alāmat-e taajjob	علامت تعجب

aspas (f pl)	giyume	گیومه
entre aspas	dar giyume	در گیومه
parênteses (m pl)	parãntez	پرانتز
entre parênteses	dar parãntez	در پرانتز
hífen (m)	xatt-e vãsel	خط واصل
travessão (m)	xatt-e tire	خط تیره
espaço (m)	fãsele	فاصله
letra (f)	harf	حرف
letra (f) maiúscula	harf-e bozorg	حرف بزرگ
vogal (f)	sedãdãr	صدادار
consoante (f)	sãmet	صامت
frase (f)	jomle	جمله
sujeito (m)	nahãd	نهاد
predicado (m)	gozãre	گزاره
linha (f)	satr	سطر
em uma nova linha	sar-e satr	سر سطر
parágrafo (m)	band	بند
palavra (f)	kalame	کلمه
grupo (m) de palavras	ebãrat	عبارت
expressão (f)	bayãn	بیان
sinônimo (m)	moterãdef	مترادف
antônimo (m)	motezãd	متضاد
regra (f)	qã'ede	قاعده
exceção (f)	estesnã	استثنا
correto (adj)	sahih	صحیح
conjugação (f)	sarf	صرف
declinação (f)	sarf-e kalemãt	صرف کلمات
caso (m)	hãlat	حالت
pergunta (f)	soãl	سؤال
sublinhar (vt)	xatt kešidan	خط کشیدن
linha (f) pontilhada	noqte čin	نقطه چین

98. Línguas estrangeiras

língua (f)	zabãn	زبان
estrangeiro (adj)	xãreji	خارجی
língua (f) estrangeira	zabãn-e xãreji	زبان خارجی
estudar (vt)	dars xãndan	درس خواندن
aprender (vt)	yãd gereftan	یاد گرفتن
ler (vt)	xãndan	خواندن
falar (vi)	harf zadan	حرف زدن
entender (vt)	fahmidan	فهمیدن
escrever (vt)	neveštan	نوشتن
rapidamente	sari'	سریع
devagar, lentamente	ãheste	آهسته

fluentemente	ravān	روان
regras (f pl)	qavā'ed	قواعد
gramática (f)	gerāmer	گرامر
vocabulário (m)	vājegān	واژگان
fonética (f)	āvā-šenāsi	آواشناسی

livro (m) didático	ketāb-e darsi	کتاب درسی
dicionário (m)	farhang-e loqat	فرهنگ لغت
manual (m) autodidático	xod-āmuz	خودآموز
guia (m) de conversação	ketāb-e mokāleme	کتاب مکالمه

fita (f) cassete	kāst	کاست
videoteipe (m)	kāst-e video	کاست ویدئو
CD (m)	si-di	سیدی
DVD (m)	dey vey dey	دی وی دی

alfabeto (m)	alefbā	الفبا
soletrar (vt)	heji kardan	هجی کردن
pronúncia (f)	talaffoz	تلفظ

sotaque (m)	lahje	لهجه
com sotaque	bā lahje	با لهجه
sem sotaque	bi lahje	بی لهجه

palavra (f)	kalame	کلمه
sentido (m)	ma'ni	معنی

curso (m)	dowre	دوره
inscrever-se (vr)	nām-nevisi kardan	نام نویسی کردن
professor (m)	ostād	استاد

tradução (processo)	tarjome	ترجمه
tradução (texto)	tarjome	ترجمه
tradutor (m)	motarjem	مترجم
intérprete (m)	motarjem-e šafāhi	مترجم شفاهی

poliglota (m)	čand zabāni	چند زبانی
memória (f)	hāfeze	حافظه

Descanso. Entretenimento. Viagens

99. Viagens

turismo (m)	gardešgari	گردشگری
turista (m)	turist	توریست
viagem (f)	mosāferat	مسافرت
aventura (f)	mājarā	ماجرا
percurso (curta viagem)	safar	سفر
férias (f pl)	moraxxasi	مرخصی
estar de férias	dar moraxassi budan	در مرخصی بودن
descanso (m)	esterāhat	استراحت
trem (m)	qatār	قطار
de trem (chegar ~)	bā qatār	با قطار
avião (m)	havāpeymā	هواپیما
de avião	bā havāpeymā	با هواپیما
de carro	bā otomobil	با اتومبیل
de navio	dar kešti	با کشتی
bagagem (f)	bār	بار
mala (f)	čamedān	چمدان
carrinho (m)	čarx-e hamle bar	چرخ حمل بار
passaporte (m)	gozarnāme	گذرنامه
visto (m)	ravādid	روادید
passagem (f)	belit	بلیط
passagem (f) aérea	belit-e havāpeymā	بلیط هواپیما
guia (m) de viagem	ketāb-e rāhnamā	کتاب راهنما
mapa (m)	naqše	نقشه
área (f)	mahal	محل
lugar (m)	jā	جا
exotismo (m)	qarāyeb	غرایب
exótico (adj)	qarib	غریب
surpreendente (adj)	heyrat angiz	حیرت انگیز
grupo (m)	goruh	گروه
excursão (f)	gardeš	گردش
guia (m)	rāhnamā-ye tur	راهنمای تور

100. Hotel

hotel (m)	hotel	هتل
motel (m)	motel	متل
três estrelas	se setāre	سه ستاره

cinco estrelas	panj setāre	پنج ستاره
ficar (vi, vt)	māndan	ماندن
quarto (m)	otāq	اتاق
quarto (m) individual	otāq-e yeknafare	اتاق یک نفره
quarto (m) duplo	otāq-e do nafare	اتاق دو نفره
reservar um quarto	otāq rezerv kardan	اتاق رزرو کردن
meia pensão (f)	nim pānsiyon	نیم پانسیون
pensão (f) completa	pānsiyon	پانسیون
com banheira	bā vān	با وان
com chuveiro	bā duš	با دوش
televisão (m) por satélite	televiziyon-e māhvārei	تلویزیون ماهواره ای
ar (m) condicionado	tahviye-ye matbu'	تهویه مطبوع
toalha (f)	howle	حوله
chave (f)	kelid	کلید
administrador (m)	edāre-ye konande	اداره کننده
camareira (f)	mostaxdem	مستخدم
bagageiro (m)	bārbar	باربر
porteiro (m)	darbān	دربان
restaurante (m)	resturān	رستوران
bar (m)	bār	بار
café (m) da manhã	sobhāne	صبحانه
jantar (m)	šām	شام
bufê (m)	bufe	بوفه
saguão (m)	lābi	لابی
elevador (m)	āsānsor	آسانسور
NÃO PERTURBE	mozāhem našavid	مزاحم نشوید
PROIBIDO FUMAR!	sigār kešidan mamnu'	سیگار کشیدن ممنوع

EQUIPAMENTO TÉCNICO. TRANSPORTES

Equipamento técnico. Transportes

101. Computador

computador (m)	kāmpiyuter	کامپیوتر
computador (m) portátil	lap tāp	لپ تاپ
ligar (vt)	rowšan kardan	روشن کردن
desligar (vt)	xāmuš kardan	خاموش کردن
teclado (m)	sahfe kelid	صفحه کلید
tecla (f)	kelid	کلید
mouse (m)	māows	ماوس
tapete (m) para mouse	māows pad	ماوس پد
botão (m)	dokme	دکمه
cursor (m)	makān namā	مکان نما
monitor (m)	monitor	مونیتور
tela (f)	safhe	صفحه
disco (m) rígido	hārd disk	هارد دیسک
capacidade (f) do disco rígido	hajm-e hard	حجم هارد
memória (f)	hāfeze	حافظه
memória RAM (f)	hāfeze-ye ram	حافظه رم
arquivo (m)	parvande	پرونده
pasta (f)	puše	پوشه
abrir (vt)	bāz kardan	باز کردن
fechar (vt)	bastan	بستن
salvar (vt)	zaxire kardan	ذخیره کردن
deletar (vt)	hazf kardan	حذف کردن
copiar (vt)	kopi kardan	کپی کردن
ordenar (vt)	tabaqe bandi kardan	طبقه بندی کردن
copiar (vt)	kopi kardan	کپی کردن
programa (m)	barnāme	برنامه
software (m)	narm afzār	نرم افزار
programador (m)	barnāme-ye nevis	برنامه نویس
programar (vt)	barnāme-nevisi kardan	برنامه نویسی کردن
hacker (m)	haker	هکر
senha (f)	kalame-ye obur	کلمه عبور
vírus (m)	virus	ویروس
detectar (vt)	peydā kardan	پیدا کردن
byte (m)	bāyt	بایت

megabyte (m)	megābāyt	مگابایت
dados (m pl)	dāde-hā	داده ها
base (f) de dados	pāygāh dāde-hā	پایگاه داده ها

cabo (m)	kābl	کابل
desconectar (vt)	jodā kardan	جدا کردن
conectar (vt)	vasl kardan	وصل کردن

102. Internet. E-mail

internet (f)	internet	اینترنت
browser (m)	morurgar	مرورگر
motor (m) de busca	motor-e jostoju	موتور جستجو
provedor (m)	erāe-ye dehande	ارائه دهنده

webmaster (m)	tarrāh-e vebsāyt	طراح وب سایت
website (m)	veb-sāyt	وب سایت
web page (f)	safhe-ye veb	صفحه وب

| endereço (m) | nešāni | نشانی |
| livro (m) de endereços | daftarče-ye nešāni | دفترچه نشانی |

caixa (f) de correio	sanduq-e post	صندوق پست
correio (m)	post	پست
cheia (caixa de correio)	por	پر

mensagem (f)	payām	پیام
mensagens (f pl) recebidas	payāmhā-ye vorudi	پیامهای ورودی
mensagens (f pl) enviadas	payāmhā-ye xoruji	پیامهای خروجی

remetente (m)	ferestande	فرستنده
enviar (vt)	ferestādan	فرستادن
envio (m)	ersāl	ارسال

| destinatário (m) | girande | گیرنده |
| receber (vt) | gereftan | گرفتن |

| correspondência (f) | mokātebe | مکاتبه |
| corresponder-se (vr) | mokātebe kardan | مکاتبه کردن |

arquivo (m)	parvande	پرونده
fazer download, baixar (vt)	dānlod kardan	دانلود کردن
criar (vt)	ijād kardan	ایجاد کردن
deletar (vt)	hazf kardan	حذف کردن
deletado (adj)	hazf šode	حذف شده

conexão (f)	ertebāt	ارتباط
velocidade (f)	sor'at	سرعت
modem (m)	modem	مودم
acesso (m)	dastyābi	دستیابی
porta (f)	dargāh	درگاه

| conexão (f) | ertebāt | ارتباط |
| conectar (vi) | vasl šodan | وصل شدن |

| escolher (vt) | entexāb kardan | انتخاب کردن |
| buscar (vt) | jostoju kardan | جستجو کردن |

103. Eletricidade

eletricidade (f)	barq	برق
elétrico (adj)	barqi	برقی
planta (f) elétrica	nirugāh	نیروگاه
energia (f)	enerži	انرژی
energia (f) elétrica	niru-ye barq	نیروی برق

lâmpada (f)	lāmp	لامپ
lanterna (f)	čerāq-e dasti	چراغ دستی
poste (m) de iluminação	čerāq-e barq	چراغ برق

luz (f)	nur	نور
ligar (vt)	rowšan kardan	روشن کردن
desligar (vt)	xāmuš kardan	خاموش کردن
apagar a luz	čerāq rā xāmuš kardan	چراغ را خاموش کردن

queimar (vi)	suxtan	سوختن
curto-circuito (m)	ettesāli	اتصالی
ruptura (f)	sim qat' šode	سیم قطع شده
contato (m)	tamās	تماس

interruptor (m)	kelid	کلید
tomada (de parede)	periz	پریز
plugue (m)	došāxe	دوشاخه
extensão (f)	sim-e sayār	سیم سیار

fusível (m)	fiyuz	فیوز
fio, cabo (m)	sim	سیم
instalação (f) elétrica	sim keši	سیم کشی

ampère (m)	āmper	آمپر
amperagem (f)	šeddat-e jaryān	شدت جریان
volt (m)	volt	ولت
voltagem (f)	voltāž	ولتاژ

| aparelho (m) elétrico | vasile-ye barqi | وسیله برقی |
| indicador (m) | šāxes | شاخص |

eletricista (m)	barq-e kār	برق کار
soldar (vt)	lahim kardan	لحیم کردن
soldador (m)	hoviye	هویه
corrente (f) elétrica	jaryān-e barq	جریان برق

104. Ferramentas

ferramenta (f)	abzār	ابزار
ferramentas (f pl)	abzār	ابزار
equipamento (m)	tajhizāt	تجهیزات

martelo (m)	čakoš	چکش
chave (f) de fenda	pič gušti	پیچ گوشتی
machado (m)	tabar	تبر

serra (f)	arre	اره
serrar (vt)	arre kardan	اره کردن
plaina (f)	rande	رنده
aplainar (vt)	rande kardan	رنده کردن
soldador (m)	hoviye	هویه
soldar (vt)	lahim kardan	لحیم کردن

lima (f)	sowhãn	سوهان
tenaz (f)	gãzanbor	گازانبر
alicate (m)	anbordast	انبردست
formão (m)	eskene	اسکنه

broca (f)	sar-matte	سرمته
furadeira (f) elétrica	matte barqi	مته برقی
furar (vt)	surãx kardan	سوراخ کردن

faca (f)	kãrd	کارد
canivete (m)	čãqu-ye jibi	چاقوی جیبی
lâmina (f)	tiqe	تیغه

afiado (adj)	tiz	تیز
cego (adj)	konad	کند
embotar-se (vr)	konad šodan	کند شدن
afiar, amolar (vt)	tiz kardan	تیز کردن

parafuso (m)	pič	پیچ
porca (f)	mohre	مهره
rosca (f)	šiyãr	شیار
parafuso (para madeira)	pič	پیچ

| prego (m) | mix | میخ |
| cabeça (f) do prego | sar-e mix | سر میخ |

régua (f)	xat keš	خط کش
fita (f) métrica	metr	متر
nível (m)	tarãz	تراز
lupa (f)	zarre bin	ذره بین

medidor (m)	abzãr-e andãzegir-i	ابزاراندازه گیری
medir (vt)	andãze gereftan	اندازه گرفتن
escala (f)	safhe-ye modarraj	صفحهٔ مدرج
indicação (f), registro (m)	dastgãh-e xaneš	دستگاه خوانش

| compressor (m) | komperesor | کمپرسور |
| microscópio (m) | mikroskop | میکروسکوپ |

bomba (f)	pomp	پمپ
robô (m)	robãt	روبات
laser (m)	leyzer	لیزر

| chave (f) de boca | ãčãr | آچار |
| fita (f) adesiva | navãr-e časb | نوار چسب |

cola (f)	časb	چسب
lixa (f)	kāqaz-e sonbāde	کاغذ سنباده
mola (f)	fanar	فنر
ímã (m)	āhan-e robā	آهن ربا
luva (f)	dastkeš	دستکش

corda (f)	tanāb	طناب
cabo (~ de nylon, etc.)	band	بند
fio (m)	sim	سیم
cabo (~ elétrico)	kābl	کابل

marreta (f)	potk	پتک
pé de cabra (m)	deylam	دیلم
escada (f) de mão	nardebān	نردبان
escada (m)	nardebān-e sabok	نردبان سبک

enroscar (vt)	pič kardan	پیچ کردن
desenroscar (vt)	bāz kardan	باز کردن
apertar (vt)	fešordan	فشردن
colar (vt)	časbāndan	چسباندن
cortar (vt)	boridan	بریدن

falha (f)	xarābi	خرابی
conserto (m)	ta'mir	تعمیر
consertar, reparar (vt)	ta'mir kardan	تعمیر کردن
regular, ajustar (vt)	tanzim kardan	تنظیم کردن

verificar (vt)	barresi kardan	بررسی کردن
verificação (f)	barresi	بررسی
indicação (f), registro (m)	dastgāh-e xaneš	دستگاه خوانش

seguro (adj)	motmaen	مطمئن
complicado (adj)	pičide	پیچیده

enferrujar (vi)	zang zadan	زنگ زدن
enferrujado (adj)	zang zade	زنگ زده
ferrugem (f)	zang	زنگ

Transportes

105. Avião

avião (m)	havāpeymā	هواپیما
passagem (f) aérea	belit-e havāpeymā	بلیط هواپیما
companhia (f) aérea	šerkat-e havāpeymāyi	شرکت هواپیمایی
aeroporto (m)	forudgāh	فرودگاه
supersônico (adj)	māvarā sowt	ماوراء صوت
comandante (m) do avião	kāpitān	کاپیتان
tripulação (f)	xadame	خدمه
piloto (m)	xalabān	خلبان
aeromoça (f)	mehmāndār-e havāpeymā	مهماندار هواپیما
copiloto (m)	nāvbar	ناوبر
asas (f pl)	bāl-hā	بال ها
cauda (f)	dam	دم
cabine (f)	kābin	کابین
motor (m)	motor	موتور
trem (m) de pouso	šāssi	شاسی
turbina (f)	turbin	توربین
hélice (f)	parvāne	پروانه
caixa-preta (f)	ja'be-ye siyāh	جعبه سیاه
coluna (f) de controle	farmān	فرمان
combustível (m)	suxt	سوخت
instruções (f pl) de segurança	dasturol'amal	دستورالعمل
máscara (f) de oxigênio	māsk-e oksižen	ماسک اکسیژن
uniforme (m)	oniform	اونیفورم
colete (m) salva-vidas	jeliqe-ye nejāt	جلیقۀ نجات
paraquedas (m)	čatr-e nejāt	چترنجات
decolagem (f)	parvāz	پرواز
descolar (vi)	parvāz kardan	پرواز کردن
pista (f) de decolagem	bānd-e forudgāh	باند فرودگاه
visibilidade (f)	meydān did	میدان دید
voo (m)	parvāz	پرواز
altura (f)	ertefā'	ارتفاع
poço (m) de ar	čāle-ye havāyi	چاله هوایی
assento (m)	jā	جا
fone (m) de ouvido	guši	گوشی
mesa (f) retrátil	sini-ye tāšow	سینی تاشو
janela (f)	panjere	پنجره
corredor (m)	rāhrow	راهرو

106. Comboio

trem (m)	qatār	قطار
trem (m) elétrico	qatār-e barqi	قطار برقی
trem (m)	qatār-e sariʿosseyr	قطارسریع السیر
locomotiva (f) diesel	lokomotiv-e dizel	لوکوموتیو دیزل
locomotiva (f) a vapor	lokomotiv-e boxar	لوکوموتیو بخار
vagão (f) de passageiros	vāgon	واگن
vagão-restaurante (m)	vāgon-e resturān	واگن رستوران
carris (m pl)	reyl-hā	ریل ها
estrada (f) de ferro	rāh āhan	راه آهن
travessa (f)	reyl-e band	ریل بند
plataforma (f)	sakku-ye rāh-āhan	سکوی راه آهن
linha (f)	masir	مسیر
semáforo (m)	nešanar	نشانبر
estação (f)	istgāh	ایستگاه
maquinista (m)	rānande	راننده
bagageiro (m)	bārbar	باربر
hospedeiro, -a (m, f)	rāhnamā-ye qatār	راهنمای قطار
passageiro (m)	mosāfer	مسافر
revisor (m)	kontorol či	کنترل چی
corredor (m)	rāhrow	راهرو
freio (m) de emergência	tormoz-e ezterāri	ترمز اضطراری
compartimento (m)	kupe	کوپه
cama (f)	taxt-e kupe	تخت کوپه
cama (f) de cima	taxt-e bālā	تخت بالا
cama (f) de baixo	taxt-e pāyin	تخت پایین
roupa (f) de cama	raxt-e xāb	رخت خواب
passagem (f)	belit	بلیط
horário (m)	barnāme	برنامه
painel (m) de informação	barnāme-ye zamāni	برنامه زمانی
partir (vt)	tark kardan	ترک کردن
partida (f)	harekat	حرکت
chegar (vi)	residan	رسیدن
chegada (f)	vorud	ورود
chegar de trem	bā qatār āmadan	با قطار آمدن
pegar o trem	savār-e qatār šodan	سوار قطار شدن
descer de trem	az qatār piyāde šodan	از قطار پیاده شدن
acidente (m) ferroviário	sānehe	سانحه
descarrilar (vi)	az xat xārej šodan	از خط خارج شدن
locomotiva (f) a vapor	lokomotiv-e boxar	لوکوموتیو بخار
foguista (m)	ātaškār	آتشکار
fornalha (f)	ātašdān	آتشدان
carvão (m)	zoqāl sang	زغال سنگ

107. Barco

navio (m)	kešti	کشتی
embarcação (f)	kešti	کشتی
barco (m) a vapor	kešti-ye boxāri	کشتی بخاری
barco (m) fluvial	qāyeq-e rudxāne	قایق رودخانه
transatlântico (m)	kešti-ye tafrihi	کشتی تفریحی
cruzeiro (m)	razm nāv	رزم ناو
iate (m)	qāyeq-e tafrihi	قایق تفریحی
rebocador (m)	yadak keš	یدک کش
barcaça (f)	kešti-ye bārkeše yadaki	کشتی بارکش یدکی
ferry (m)	kešti-ye farābar	کشتی فرابر
veleiro (m)	kešti-ye bādbāni	کشتی بادبانی
bergantim (m)	košti dozdān daryā-yi	کشتی دزدان دریایی
quebra-gelo (m)	kešti-ye yaxšekan	کشتی یخ شکن
submarino (m)	zirdaryāyi	زیردریایی
bote, barco (m)	qāyeq	قایق
baleeira (bote salva-vidas)	qāyeq-e tafrihi	قایق تفریحی
bote (m) salva-vidas	qāyeq-e nejāt	قایق نجات
lancha (f)	qāyeq-e motori	قایق موتوری
capitão (m)	kāpitān	کاپیتان
marinheiro (m)	malavān	ملوان
marujo (m)	malavān	ملوان
tripulação (f)	xadame	خدمه
contramestre (m)	sar malavān	سر ملوان
grumete (m)	šāgerd-e malavān	شاگرد ملوان
cozinheiro (m) de bordo	āšpaz-e kešti	آشپز کشتی
médico (m) de bordo	pezešk-e kešti	پزشک کشتی
convés (m)	arše-ye kešti	عرشۀ کشتی
mastro (m)	dakal	دکل
vela (f)	bādbān	بادبان
porão (m)	anbār	انبار
proa (f)	sine-ye kešti	سینه کشتی
popa (f)	aqab kešti	عقب کشتی
remo (m)	pāru	پارو
hélice (f)	parvāne	پروانه
cabine (m)	otāq-e kešti	اتاق کشتی
sala (f) dos oficiais	otāq-e afsarān	اتاق افسران
sala (f) das máquinas	motor xāne	موتور خانه
ponte (m) de comando	pol-e farmāndehi	پل فرماندهی
sala (f) de comunicações	kābin-e bisim	کابین بی سیم
onda (f)	mowj	موج
diário (m) de bordo	roxdād nāme	رخداد نامه
luneta (f)	teleskop	تلسکوپ
sino (m)	nāqus	ناقوس

bandeira (f)	parčam	پرچم
cabo (m)	tanāb	طناب
nó (m)	gereh	گره
corrimão (m)	narde	نرده
prancha (f) de embarque	pol	پل
âncora (f)	langar	لنگر
recolher a âncora	langar kešidan	لنگر کشیدن
jogar a âncora	langar andāxtan	لنگر انداختن
amarra (corrente de âncora)	zanjir-e langar	زنجیر لنگر
porto (m)	bandar	بندر
cais, amarradouro (m)	eskele	اسکله
atracar (vi)	pahlu gereftan	پهلو گرفتن
desatracar (vi)	tark kardan	ترک کردن
viagem (f)	mosāferat	مسافرت
cruzeiro (m)	safar-e daryāyi	سفر دریایی
rumo (m)	masir	مسیر
itinerário (m)	masir	مسیر
canal (m) de navegação	kešti-ye ru	کشتی رو
banco (m) de areia	mahall-e kam omq	محل کم عمق
encalhar (vt)	be gel nešastan	به گل نشستن
tempestade (f)	tufān	طوفان
sinal (m)	alāmat	علامت
afundar-se (vr)	qarq šodan	غرق شدن
Homem ao mar!	kas-i dar hāl-e qarq šodan-ast!	کسی در حال غرق شدن است!
SOS	sos	SOS
boia (f) salva-vidas	kamarband-e nejāt	کمربند نجات

108. Aeroporto

aeroporto (m)	forudgāh	فرودگاه
avião (m)	havāpeymā	هواپیما
companhia (f) aérea	šerkat-e havāpeymāyi	شرکت هواپیمایی
controlador (m) de tráfego aéreo	ma'mur-e kontorol-e terāfik-e havāyi	مأمور کنترل ترافیک هوایی
partida (f)	azimat	عزیمت
chegada (f)	vorud	ورود
chegar (vi)	residan	رسیدن
hora (f) de partida	zamān-e parvāz	زمان پرواز
hora (f) de chegada	zamān-e vorud	زمان ورود
estar atrasado	ta'xir kardan	تأخیر کردن
atraso (m) de voo	ta'xir-e parvāz	تأخیر پرواز
painel (m) de informação	tāblo-ye ettelā'āt	تابلوی اطلاعات
informação (f)	ettelā'āt	اطلاعات

anunciar (vt)	e'lām kardan	اعلام کردن
voo (m)	parvāz	پرواز
alfândega (f)	gomrok	گمرک
funcionário (m) da alfândega	ma'mur-e gomrok	مأمور گمرک
declaração (f) alfandegária	ežhār-nāme	اظهارنامه
preencher (vt)	por kardan	پر کردن
preencher a declaração	ezhār-nāme rā por kardan	اظهارنامه را پر کردن
controle (m) de passaporte	kontorol-e gozarnāme	کنترل گذرنامه
bagagem (f)	bār	بار
bagagem (f) de mão	bār-e dasti	بار دستی
carrinho (m)	čarx-e hamle bar	چرخ حمل بار
pouso (m)	forud	فرود
pista (f) de pouso	bānd-e forudgāh	باند فرودگاه
aterrissar (vi)	nešastan	نشستن
escada (f) de avião	pellekān	پلکان
check-in (m)	ček in	چک این
balcão (m) do check-in	bāje-ye kontorol	باجه کنترل
fazer o check-in	čekin kardan	چکاین کردن
cartão (m) de embarque	kārt-e parvāz	کارت پرواز
portão (m) de embarque	gi-yat xoruj	گیت خروج
trânsito (m)	terānzit	ترانزیت
esperar (vi, vt)	montazer budan	منتظر بودن
sala (f) de espera	tālār-e entezār	تالار انتظار
despedir-se (acompanhar)	badraqe kardan	بدرقه کردن
despedir-se (dizer adeus)	xodāhāfezi kardan	خداحافظی کردن

Eventos

109. Férias. Evento

festa (f)	jašn	جشن
feriado (m) nacional	eyd-e melli	عید ملی
feriado (m)	ruz-e jašn	روز جشن
festejar (vt)	jašn gereftan	جشن گرفتن
evento (festa, etc.)	vāqe'e	واقعه
evento (banquete, etc.)	ruydād	رویداد
banquete (m)	ziyāfat	ضیافت
recepção (f)	ziyāfat	ضیافت
festim (m)	jašn	جشن
aniversário (m)	sālgard	سالگرد
jubileu (m)	sālgard	سالگرد
celebrar (vt)	jašn gereftan	جشن گرفتن
Ano (m) Novo	sāl-e now	سال نو
Feliz Ano Novo!	sāl-e now mobārak	سال نو مبارک
Papai Noel (m)	bābā noel	بابا نوئل
Natal (m)	kerismas	کریسمس
Feliz Natal!	kerismas mobārak!	کریسمس مبارک!
árvore (f) de Natal	kāj kerismas	کاج کریسمس
fogos (m pl) de artifício	ātaš-e bāzi	آتش بازی
casamento (m)	arusi	عروسی
noivo (m)	dāmād	داماد
noiva (f)	arus	عروس
convidar (vt)	da'vat kardan	دعوت کردن
convite (m)	da'vatnāme	دعوتنامه
convidado (m)	mehmān	مهمان
visitar (vt)	be mehmāni raftan	به مهمانی رفتن
receber os convidados	az mehmānān esteqbāl kardan	از مهمانان استقبال کردن
presente (m)	hedye	هدیه
oferecer, dar (vt)	hadye dādan	هدیه دادن
receber presentes	hediye gereftan	هدیه گرفتن
buquê (m) de flores	daste-ye gol	دسته گل
felicitações (f pl)	tabrik	تبریک
felicitar (vt)	tabrik goftan	تبریک گفتن
cartão (m) de parabéns	kārt-e tabrik	کارت تبریک
enviar um cartão postal	kārt-e tabrik ferestādan	کارت تبریک فرستادن

receber um cartão postal	kārt-e tabrik gereftan	کارت تبریک گرفتن
brinde (m)	be salāmati-ye kas-i nušidan	به سلامتی کسی نوشیدن
oferecer (vt)	pazirāyi kardan	پذیرایی کردن
champanhe (m)	šāmpāyn	شامپاین

divertir-se (vr)	šādi kardan	شادی کردن
diversão (f)	šādi	شادی
alegria (f)	maserrat	مسرت

| dança (f) | raqs | رقص |
| dançar (vi) | raqsidan | رقصیدن |

| valsa (f) | raqs-e vāls | رقص والس |
| tango (m) | raqs tāngo | رقص تانگو |

110. Funerais. Enterro

cemitério (m)	qabrestān	قبرستان
sepultura (f), túmulo (m)	qabr	قبر
cruz (f)	salib	صلیب
lápide (f)	sang-e qabr	سنگ قبر
cerca (f)	hesār	حصار
capela (f)	kelisā-ye kučak	کلیسای کوچک

morte (f)	marg	مرگ
morrer (vi)	mordan	مردن
defunto (m)	marhum	مرحوم
luto (m)	azā	عزا

enterrar, sepultar (vt)	dafn kardan	دفن کردن
funerária (f)	xadamat-e kafno dafn	خدمات کفن ودفن
funeral (m)	tašyi-'e jenāze	تشییع جنازه

coroa (f) de flores	tāj-e gol	تاج گل
caixão (m)	tābut	تابوت
carro (m) funerário	na'š keš	نعش کش
mortalha (f)	kafan	کفن

procissão (f) funerária	tašyi-'e jenāze	تشییع جنازه
urna (f) funerária	zarf-e xākestar-e morde	ظرف خاکستر مرده
crematório (m)	morde suz xāne	مرده سوز خانه

obituário (m), necrologia (f)	āgahi-ye tarhim	آگهی ترحیم
chorar (vi)	gerye kardan	گریه کردن
soluçar (vi)	zār zār gerye kardan	زار زارگریه کردن

111. Guerra. Soldados

pelotão (m)	daste	دسته
companhia (f)	goruhān	گروهان
regimento (m)	hang	هنگ
exército (m)	arteš	ارتش

divisão (f)	laškar	لشکر
esquadrão (m)	daste	دسته
hoste (f)	laškar	لشکر

soldado (m)	sarbāz	سرباز
oficial (m)	afsar	افسر

soldado (m) raso	sarbāz	سرباز
sargento (m)	goruhbān	گروهبان
tenente (m)	sotvān	ستوان
capitão (m)	kāpitān	کاپیتان
major (m)	sargord	سرگرد

coronel (m)	sarhang	سرهنگ
general (m)	ženerāl	ژنرال

marujo (m)	malavān	ملوان
capitão (m)	kāpitān	کاپیتان
contramestre (m)	sar malavān	سر ملوان

artilheiro (m)	tupči	توپچی
soldado (m) paraquedista	sarbāz-e čatrbāz	سرباز چترباز
piloto (m)	xalabān	خلبان

navegador (m)	nāvbar	ناوبر
mecânico (m)	mekānik	مکانیک

sapador-mineiro (m)	mohandes estehkāmat	مهندس استحکامات
paraquedista (m)	čatr bāz	چترباز

explorador (m)	ettelā'āti	اطلاعاتی
atirador (m) de tocaia	tak tir andāz	تک تیر انداز

patrulha (f)	gašt	گشت
patrulhar (vt)	gašt zadan	گشت زدن
sentinela (f)	negahbān	نگهبان

guerreiro (m)	jangju	جنگجو
patriota (m)	mihan parast	میهن پرست

herói (m)	qahremān	قهرمان
heroína (f)	qahremān-e zan	قهرمان زن

traidor (m)	xāen	خائن
trair (vt)	xiyānat kardan	خیانت کردن

desertor (m)	farāri	فراری
desertar (vt)	farāri budan	فراری بودن

mercenário (m)	mozdur	مزدور
recruta (m)	sarbāz-e jadid	سرباز جدید
voluntário (m)	dāvtalab	داوطلب

morto (m)	morde	مرده
ferido (m)	zaxmi	زخمی
prisioneiro (m) de guerra	asir	اسیر

112. Guerra. Ações militares. Parte 1

guerra (f)	jang	جنگ
guerrear (vt)	jangidan	جنگیدن
guerra (f) civil	jang-e dāxeli	جنگ داخلی
perfidamente	xāenāne	خائنانه
declaração (f) de guerra	e'lān-e jang	اعلان جنگ
declarar guerra	e'lān kardan	اعلان کردن
agressão (f)	tajāvoz	تجاوز
atacar (vt)	hamle kardan	حمله کردن
invadir (vt)	tajāvoz kardan	تجاوز کردن
invasor (m)	tajāvozgar	تجاوزگر
conquistador (m)	fāteh	فاتح
defesa (f)	defā'	دفاع
defender (vt)	defā' kardan	دفاع کردن
defender-se (vr)	az xod defā' kardan	از خود دفاع کردن
inimigo (m)	došman	دشمن
adversário (m)	moxālef	مخالف
inimigo (adj)	došman	دشمن
estratégia (f)	rāhbord	راهبرد
tática (f)	tāktik	تاکتیک
ordem (f)	farmān	فرمان
comando (m)	dastur	دستور
ordenar (vt)	farmān dādan	فرمان دادن
missão (f)	ma'muriyat	مأموریت
secreto (adj)	mahramāne	محرمانه
batalha (f)	jang	جنگ
combate (m)	nabard	نبرد
ataque (m)	hamle	حمله
assalto (m)	yureš	یورش
assaltar (vt)	yureš bordan	یورش بردن
assédio, sítio (m)	mohāsere	محاصره
ofensiva (f)	hamle	حمله
tomar à ofensiva	hamle kardan	حمله کردن
retirada (f)	aqab nešini	عقب نشینی
retirar-se (vr)	aqab nešini kardan	عقب نشینی کردن
cerco (m)	mohāsere	محاصره
cercar (vt)	mohāsere kardan	محاصره کردن
bombardeio (m)	bombārān-e havāyi	بمباران هوایی
lançar uma bomba	bomb āndaxtan	بمب انداختن
bombardear (vt)	bombārān kardan	بمباران کردن
explosão (f)	enfejār	انفجار
tiro (m)	tirandāzi	تیراندازی

| dar um tiro | tirandāzi kardan | تیراندازی کردن |
| tiroteio (m) | tirandāzi | تیراندازی |

apontar para ...	nešāne raftan	نشانه رفتن
apontar (vt)	šhellik kardan	شلیک کردن
acertar (vt)	residan	رسیدن

afundar (~ um navio, etc.)	qarq šodan	غرق شدن
brecha (f)	surāx	سوراخ
afundar-se (vr)	qarq šodan	غرق شدن

frente (m)	jebhe	جبهه
evacuação (f)	taxliye	تخلیه
evacuar (vt)	taxliye kardan	تخلیه کردن

trincheira (f)	sangar	سنگر
arame (m) enfarpado	sim-e xārdār	سیم خاردار
barreira (f) anti-tanque	hesār	حصار
torre (f) de vigia	borj	برج

hospital (m) militar	bimārestān-e nezāmi	بیمارستان نظامی
ferir (vt)	majruh kardan	مجروح کردن
ferida (f)	zaxm	زخم
ferido (m)	zaxmi	زخمی
ficar ferido	zaxmi šodan	زخمی شدن
grave (ferida ~)	zaxm-e saxt	زخم سخت

113. Guerra. Ações militares. Parte 2

cativeiro (m)	esārat	اسارت
capturar (vt)	be esārat gereftan	به اسارت گرفتن
estar em cativeiro	dar esārat budan	در اسارت بودن
ser aprisionado	be esārat oftādan	به اسارت افتادن

campo (m) de concentração	ordugāh-e kār-e ejbāri	اردوگاه کار اجباری
prisioneiro (m) de guerra	asir	اسیر
escapar (vi)	farār kardan	فرار کردن

trair (vt)	xiyānat kardan	خیانت کردن
traidor (m)	xāen	خائن
traição (f)	xiyānat	خیانت

| fuzilar, executar (vt) | tirbārān kardan | تیرباران کردن |
| fuzilamento (m) | tirbārān | تیرباران |

equipamento (m)	uniform	یونیفرم
insígnia (f) de ombro	daraje-ye sarduši	درجه سردوشی
máscara (f) de gás	māsk-e zedd-e gāz	ماسک ضد گاز

rádio (m)	dastgāh-e bisim	دستگاه بی سیم
cifra (f), código (m)	ramz	رمز
conspiração (f)	mahramāne budan	محرمانه بودن
senha (f)	ramz	رمز
mina (f)	min	مین

minar (vt)	min gozāštan	مین گذاشتن
campo (m) minado	meydān-e min	میدان مین
alarme (m) aéreo	āžir-e havāyi	آژیر هوایی
alarme (m)	āžir	آژیر
sinal (m)	alāmat	علامت
sinalizador (m)	monavvar	منور
quartel-general (m)	setād	ستاد
reconhecimento (m)	šenāsāyi	شناسایی
situação (f)	vaz'iyat	وضعیت
relatório (m)	gozāreš	گزارش
emboscada (f)	kamin	کمین
reforço (m)	taqviyat	تقویت
alvo (m)	hadaf giri	هدف گیری
campo (m) de tiro	meydān-e tir	میدان تیر
manobras (f pl)	mānovr	مانور
pânico (m)	vahšat	وحشت
devastação (f)	xarābi	خرابی
ruínas (f pl)	xarābi-hā	خرابی ها
destruir (vt)	xarāb kardan	خراب کردن
sobreviver (vi)	zende māndan	زنده ماندن
desarmar (vt)	xal'-e selāh kardan	خلع سلاح کردن
manusear (vt)	be kār bordan	به کار بردن
Sentido!	xabardār!	خبردار!
Descansar!	āzād!	آزاد!
façanha (f)	delāvari	دلاوری
juramento (m)	sowgand	سوگند
jurar (vi)	sowgand xordan	سوگند خوردن
condecoração (f)	pādāš	پاداش
condecorar (vt)	medāl dādan	مدال دادن
medalha (f)	medāl	مدال
ordem (f)	nešān	نشان
vitória (f)	piruzi	پیروزی
derrota (f)	šekast	شکست
armistício (m)	ātaš bas	آتش بس
bandeira (f)	parčam	پرچم
glória (f)	eftexār	افتخار
parada (f)	reže	رژه
marchar (vi)	reže raftan	رژه رفتن

114. Armas

arma (f)	selāh	سلاح
arma (f) de fogo	aslahe-ye garm	اسلحهٔ گرم
arma (f) branca	aslahe-ye sard	اسلحهٔ سرد

arma (f) química	taslihāt-e šimiyāyi	تسلیحات شیمیایی
nuclear (adj)	haste i	هسته ای
arma (f) nuclear	taslihāt-e hastei	تسلیحات هسته ای

| bomba (f) | bomb | بمب |
| bomba (f) atômica | bomb-e atomi | بمب اتمی |

pistola (f)	kolt	کلت
rifle (m)	tofang	تفنگ
semi-automática (f)	mosalsal-e xodkār	مسلسل خودکار
metralhadora (f)	mosalsal	مسلسل

boca (f)	sar-e lule-ye tofang	سر لوله تفنگ
cano (m)	lule-ye tofang	لوله تفنگ
calibre (m)	kālibr	کالیبر

gatilho (m)	māše	ماشه
mira (f)	nešāne ravi	نشانه روی
carregador (m)	xešāb	خشاب
coronha (f)	qondāq	قنداق

| granada (f) de mão | nārenjak | نارنجک |
| explosivo (m) | mādde-ye monfajere | مادهٔ منفجره |

bala (f)	golule	گلوله
cartucho (m)	fešang	فشنگ
carga (f)	mohemmāt	مهمات
munição (f pl)	mohemmāt	مهمات

bombardeiro (m)	bomb-afkan	بمبافکن
avião (m) de caça	jangande	جنگنده
helicóptero (m)	helikopter	هلیکوپتر

canhão (m) antiaéreo	tup-e zedd-e havāyi	توپ ضد هوایی
tanque (m)	tānk	تانک
canhão (de um tanque)	tup	توپ

artilharia (f)	tupxāne	توپخانه
canhão (m)	tofang	تفنگ
fazer a pontaria	šhellik kardan	شلیک کردن

projétil (m)	xompāre	خمپاره
granada (f) de morteiro	xompāre	خمپاره
morteiro (m)	xompāre andāz	خمپاره انداز
estilhaço (m)	tarkeš	ترکش

submarino (m)	zirdaryāyi	زیردریایی
torpedo (m)	eždar	اژدر
míssil (m)	mušak	موشک

carregar (uma arma)	por kardan	پر کردن
disparar, atirar (vi)	tirandāzi kardan	تیراندازی کردن
apontar para …	nešāne raftan	نشانه رفتن
baioneta (f)	sarneyze	سرنیزه
espada (f)	šamšir	شمشیر
sabre (m)	šamšir	شمشیر

lança (f)	neyze	نیزه
arco (m)	kamān	کمان
flecha (f)	tir	تیر
mosquete (m)	tofang fetile-i	تفنگ فتیله‌ای
besta (f)	kamān zanburak-i	کمان زنبورکی

115. Povos da antiguidade

primitivo (adj)	avvaliye	اولیه
pré-histórico (adj)	piš az tārix	پیش از تاریخ
antigo (adj)	qadimi	قدیمی
Idade (f) da Pedra	asr-e hajar	عصر حجر
Idade (f) do Bronze	asr-e mafraq	عصر مفرغ
Era (f) do Gelo	dowre-ye yaxbandān	دورۀ یخبندان
tribo (f)	qabile	قبیله
canibal (m)	ādam xār	آدم خوار
caçador (m)	šekārči	شکارچی
caçar (vi)	šekār kardan	شکار کردن
mamute (m)	māmut	ماموت
caverna (f)	qār	غار
fogo (m)	ātaš	آتش
fogueira (f)	ātaš	آتش
pintura (f) rupestre	qār negāre	غار نگاره
ferramenta (f)	abzār-e kār	ابزار کار
lança (f)	neyze	نیزه
machado (m) de pedra	tabar-e sangi	تبر سنگی
guerrear (vt)	jangidan	جنگیدن
domesticar (vt)	rām kardan	رام کردن
ídolo (m)	bot	بت
adorar, venerar (vt)	parastidan	پرستیدن
superstição (f)	xorāfe	خرافه
ritual (m)	marāsem	مراسم
evolução (f)	takāmol	تکامل
desenvolvimento (m)	pišraft	پیشرفت
extinção (f)	enqerāz	انقراض
adaptar-se (vr)	sāzgār šodan	سازگار شدن
arqueologia (f)	bāstān-šenāsi	باستان شناسی
arqueólogo (m)	bāstān-šenās	باستان شناس
arqueológico (adj)	bāstān-šenāsi	باستان شناسی
escavação (sítio)	mahall-e haffārihā	محل حفاری ها
escavações (f pl)	haffāri-hā	حفاری ها
achado (m)	yāfteh	یافته
fragmento (m)	qet'e	قطعه

116. Idade média

povo (m)	mellat	ملت
povos (m pl)	mellat-hā	ملت ها
tribo (f)	qabile	قبیله
tribos (f pl)	qabāyel	قبایل

bárbaros (pl)	barbar-hā	بربر ها
galeses (pl)	gul-hā	گول ها
godos (pl)	gat-hā	گت ها
eslavos (pl)	eslāv-hā	اسلاو ها
viquingues (pl)	vāyking-hā	وایکینگ ها

| romanos (pl) | rumi-hā | رومی ها |
| romano (adj) | rumi | رومی |

bizantinos (pl)	bizānsi-hā	بیزانسی ها
Bizâncio	bizāns	بیزانس
bizantino (adj)	bizānsi	بیزانسی

imperador (m)	emperātur	امپراطور
líder (m)	rahbar	رهبر
poderoso (adj)	moqtader	مقتدر
rei (m)	šāh	شاه
governante (m)	hākem	حاکم

cavaleiro (m)	šovālie	شوالیه
senhor feudal (m)	feodāl	فئودال
feudal (adj)	feodāli	فئودالی
vassalo (m)	ra'yat	رعیت

duque (m)	duk	دوک
conde (m)	kont	کنت
barão (m)	bāron	بارون
bispo (m)	osqof	اسقف

armadura (f)	zereh	زره
escudo (m)	separ	سپر
espada (f)	šamšir	شمشیر
viseira (f)	labe-ye kolāh	لبه کلاه
cota (f) de malha	jowšan	جوشن

| cruzada (f) | jang-e salibi | جنگ صلیبی |
| cruzado (m) | jangju-ye salibi | جنگجوی صلیبی |

território (m)	qalamrow	قلمرو
atacar (vt)	hamle kardan	حمله کردن
conquistar (vt)	fath kardan	فتح کردن
ocupar, invadir (vt)	ešqāl kardan	اشغال کردن

assédio, sítio (m)	mohāsere	محاصره
sitiado (adj)	mahsur	محصور
assediar, sitiar (vt)	mohāsere kardan	محاصره کردن
inquisição (f)	taftiš-e aqāyed	تفتیش عقاید
inquisidor (m)	mofatteš	مفتش

tortura (f)	šekanje	شكنجه
cruel (adj)	bi rahm	بی رحم
herege (m)	molhed	ملحد
heresia (f)	ertedād	ارتداد

navegação (f) marítima	daryānavardi	دریانوردی
pirata (m)	dozd-e daryāyi	دزد دریایی
pirataria (f)	dozdi-ye daryāyi	دزدی دریایی
abordagem (f)	hamle ruye arše	حمله روی عرشه
presa (f), butim (m)	qanimat	غنیمت
tesouros (m pl)	ganj	گنج

descobrimento (m)	kašf	كشف
descobrir (novas terras)	kašf kardan	كشف كردن
expedição (f)	safar	سفر

mosqueteiro (m)	tofangdār	تفنگدار
cardeal (m)	kārdināl	كاردینال
heráldica (f)	nešān-šenāsi	نشان شناسی
heráldico (adj)	manquš	منقوش

117. Líder. Chefe. Autoridades

rei (m)	šāh	شاه
rainha (f)	maleke	ملكه
real (adj)	šāhi	شاهی
reino (m)	pādšāhi	پادشاهی

| príncipe (m) | šāhzāde | شاهزاده |
| princesa (f) | pranses | پرنسس |

presidente (m)	ra'is jomhur	رئیس جمهور
vice-presidente (m)	mo'āven-e rais-e jomhur	معاون رئیس جمهور
senador (m)	senātor	سناتور

monarca (m)	pādšāh	پادشاه
governante (m)	hākem	حاكم
ditador (m)	diktātor	دیكتاتور
tirano (m)	zālem	ظالم
magnata (m)	najib zāde	نجیب زاده

diretor (m)	modir	مدیر
chefe (m)	ra'is	رئیس
gerente (m)	modir	مدیر
patrão (m)	ra'is	رئیس
dono (m)	sāheb	صاحب

líder (m)	rahbar	رهبر
chefe (m)	ra'is	رئیس
autoridades (f pl)	maqāmāt	مقامات
superiores (m pl)	roasā	رؤسا

| governador (m) | farmāndār | فرماندار |
| cônsul (m) | konsul | كنسول |

diplomata (m)	diplomāt	ديپلمات
Presidente (m) da Câmara	šahrdār	شهردار
xerife (m)	kalāntar	کلانتر

imperador (m)	emperātur	امپراطور
czar (m)	tezār	تزار
faraó (m)	fer'own	فرعون
cã, khan (m)	xān	خان

118. Violação da lei. Criminosos. Parte 1

bandido (m)	rāhzan	راهزن
crime (m)	jenāyat	جنايت
criminoso (m)	jenāyatkār	جنايتکار

ladrão (m)	dozd	دزد
roubar (vt)	dozdidan	دزديدن
roubo (atividade)	dozdi	دزدی
furto (m)	serqat	سرقت

raptar, sequestrar (vt)	ādam robudan	آدم ربودن
sequestro (m)	ādam robāyi	آدم ربایی
sequestrador (m)	ādam robā	آدم ربا

| resgate (m) | bāj | باج |
| pedir resgate | bāj xāstan | باج خواستن |

roubar (vt)	serqat kardan	سرقت کردن
assalto, roubo (m)	serqat	سرقت
assaltante (m)	qāratgar	غارتگر

extorquir (vt)	axxāzi kardan	اخاذی کردن
extorsionário (m)	axxāz	اخاذ
extorsão (f)	axxāzi	اخاذی

matar, assassinar (vt)	koštan	کشتن
homicídio (m)	qatl	قتل
homicida, assassino (m)	qātel	قاتل

tiro (m)	tirandāzi	تيراندازی
dar um tiro	tirandāzi kardan	تيراندازی کردن
matar a tiro	bā tir zadan	با تير زدن
disparar, atirar (vi)	tirandāzi kardan	تيراندازی کردن
tiroteio (m)	tirandāzi	تيراندازی

incidente (m)	vāqe'e	واقعه
briga (~ de rua)	zad-o xord	زد و خورد
Socorro!	komak!	کمک!
vítima (f)	qorbāni	قربانی

danificar (vt)	xesārat resāndan	خسارت رساندن
dano (m)	xesārat	خسارت
cadáver (m)	jasad	جسد
grave (adj)	vaxim	وخيم

atacar (vt)	hamle kardan	حمله کردن
bater (espancar)	zadan	زدن
espancar (vt)	kotak zadan	کتک زدن
tirar, roubar (dinheiro)	bezur gereftan	به زور گرفتن
esfaquear (vt)	čāqu zadan	چاقو زدن
mutilar (vt)	ma'yub kardan	معیوب کردن
ferir (vt)	majruh kardan	مجروح کردن

chantagem (f)	šāntāž	شانتاژ
chantagear (vt)	axxāzi kardan	اخاذی کردن
chantagista (m)	axxāz	اخاذ

extorsão (f)	axxāzi	اخاذی
extorsionário (m)	axxāz	اخاذ
gângster (m)	gāngester	گانگستر
máfia (f)	māfiyā	مافیا

punguista (m)	jib bor	جیب بر
assaltante, ladrão (m)	sāreq	سارق
contrabando (m)	qāčāq	قاچاق
contrabandista (m)	qāčāqči	قاچاقچی

falsificação (f)	qollābi	قلابی
falsificar (vt)	ja'l kardan	جعل کردن
falsificado (adj)	ja'li	جعلی

119. Violação da lei. Criminosos. Parte 2

estupro (m)	tajāvoz be nāmus	تجاوز به ناموس
estuprar (vt)	tajāvoz kardan	تجاوز کردن
estuprador (m)	zenā konande	زنا کننده
maníaco (m)	majnun	مجنون

prostituta (f)	fāheše	فاحشه
prostituição (f)	fāhešegi	فاحشگی
cafetão (m)	jākeš	جاکش

drogado (m)	mo'tād	معتاد
traficante (m)	forušande-ye mavādd-e moxadder	فروشندهٔ مواد مخدر

explodir (vt)	monfajer kardan	منفجر کردن
explosão (f)	enfejār	انفجار
incendiar (vt)	ātaš zadan	آتش زدن
incendiário (m)	ātaš afruz	آتش افروز

terrorismo (m)	terorism	تروریسم
terrorista (m)	terorist	تروریست
refém (m)	gerowgān	گروگان

enganar (vt)	farib dādan	فریب دادن
engano (m)	farib	فریب
vigarista (m)	hoqqe bāz	حقه باز
subornar (vt)	rešve dādan	رشوه دادن

suborno (atividade)	rešve	رشوه
suborno (dinheiro)	rešve	رشوه
veneno (m)	zahr	زهر
envenenar (vt)	masmum kardan	مسموم کردن
envenenar-se (vr)	masmum šodan	مسموم شدن
suicídio (m)	xod-koši	خودکشی
suicida (m)	xod-koši konande	خودکشی کننده
ameaçar (vt)	tahdid kardan	تهدید کردن
ameaça (f)	tahdid	تهدید
atentar contra a vida de ...	su'-e qasd kardan	سوء قصد کردن
atentado (m)	su'-e qasd	سوء قصد
roubar (um carro)	robudan	ربودن
sequestrar (um avião)	havāpeymā robāyi	هواپیما ربایی
vingança (f)	enteqām	انتقام
vingar (vt)	enteqām gereftan	انتقام گرفتن
torturar (vt)	šekanje dādan	شکنجه دادن
tortura (f)	šekanje	شکنجه
atormentar (vt)	aziyat kardan	اذیت کردن
pirata (m)	dozd-e daryāyi	دزد دریایی
desordeiro (m)	owbāš	اوباش
armado (adj)	mosallah	مسلح
violência (f)	xošunat	خشونت
ilegal (adj)	qeyr-e qānuni	غیر قانونی
espionagem (f)	jāsusi	جاسوسی
espionar (vi)	jāsusi kardan	جاسوسی کردن

120. Polícia. Lei. Parte 1

justiça (sistema de ~)	edālat	عدالت
tribunal (m)	dādgāh	دادگاه
juiz (m)	qāzi	قاضی
jurados (m pl)	hey'at-e monsefe	هیئت منصفه
tribunal (m) do júri	hey'at-e monsefe	هیئت منصفه
julgar (vt)	mohākeme kardan	محاکمه کردن
advogado (m)	vakil	وکیل
réu (m)	mottaham	متهم
banco (m) dos réus	jāygāh-e mottaham	جایگاه متهم
acusação (f)	ettehām	اتهام
acusado (m)	mottaham	متهم
sentença (f)	hokm	حکم
sentenciar (vt)	mahkum kardan	محکوم کردن
culpado (m)	moqasser	مقصر

| punir (vt) | mojāzāt kardan | مجازات کردن |
| punição (f) | mojāzāt | مجازات |

multa (f)	jarime	جریمه
prisão (f) perpétua	habs-e abad	حبس ابد
pena (f) de morte	e'dām	اعدام
cadeira (f) elétrica	sandali-ye barqi	صندلی برقی
forca (f)	čube-ye dār	چوبه دار

| executar (vt) | e'dām kardan | اعدام کردن |
| execução (f) | e'dām | اعدام |

| prisão (f) | zendān | زندان |
| cela (f) de prisão | sellul-e zendān | سلول زندان |

escolta (f)	eskort	اسکورت
guarda (m) prisional	negahbān zendān	نگهبان زندان
preso, prisioneiro (m)	zendāni	زندانی

| algemas (f pl) | dastband | دستبند |
| algemar (vt) | dastband zadan | دستبند زدن |

fuga, evasão (f)	farār	فرار
fugir (vi)	farār kardan	فرار کردن
desaparecer (vi)	nāpadid šodan	ناپدید شدن
soltar, libertar (vt)	āzād kardan	آزاد کردن
anistia (f)	afv-e omumi	عفو عمومی

polícia (instituição)	polis	پلیس
polícia (m)	polis	پلیس
delegacia (f) de polícia	kalāntari	کلانتری
cassetete (m)	bātum	باتوم
megafone (m)	bolandgu	بلندگو

carro (m) de patrulha	māšin-e gašt	ماشین گشت
sirene (f)	āžir-e xatar	آژیر خطر
ligar a sirene	āžir rā rowšan kardan	آژیررا روشن کردن
toque (m) da sirene	sedā-ye āžir	صدای آژیر

cena (f) do crime	mahall-e jenāyat	محل جنایت
testemunha (f)	šāhed	شاهد
liberdade (f)	āzādi	آزادی
cúmplice (m)	hamdast	همدست
escapar (vi)	maxfi šodan	مخفی شدن
traço (não deixar ~s)	rad	رد

121. Polícia. Lei. Parte 2

procura (f)	jostoju	جستجو
procurar (vt)	jostoju kardan	جستجو کردن
suspeita (f)	šok	شک
suspeito (adj)	maškuk	مشکوک
parar (veículo, etc.)	motevaghef kardan	متوقف کردن
deter (fazer parar)	dastgir kardan	دستگیر کردن

caso (~ criminal)	parvande	پرونده
investigação (f)	tahqiq	تحقیق
detetive (m)	kārāgāh	کارآگاه
investigador (m)	bāzpors	بازپرس
versão (f)	farziye	فرضیه

motivo (m)	angize	انگیزه
interrogatório (m)	bāzporsi	بازپرسی
interrogar (vt)	bāzporsi kardan	بازپرسی کردن
questionar (vt)	estentāq kardan	استنطاق کردن
verificação (f)	taftiš	تفتیش

batida (f) policial	mohāsere	محاصره
busca (f)	taftiš	تفتیش
perseguição (f)	ta'qib	تعقیب
perseguir (vt)	ta'qib kardan	تعقیب کردن
seguir, rastrear (vt)	donbāl kardan	دنبال کردن

prisão (f)	bāzdāšt	بازداشت
prender (vt)	bāzdāšt kardan	بازداشت کردن
pegar, capturar (vt)	dastgir kardan	دستگیر کردن
captura (f)	dastgiri	دستگیری

documento (m)	sanad	سند
prova (f)	esbāt	اثبات
provar (vt)	esbāt kardan	اثبات کردن
pegada (f)	rad-e pā	رد پا
impressões (f pl) digitais	asar-e angošt	اثر انگشت
prova (f)	šavāhed	شواهد

álibi (m)	ozr-e qeybat	عذر غیبت
inocente (adj)	bi gonāh	بی گناه
injustiça (f)	bi edālati	بی عدالتی
injusto (adj)	qeyr-e ādelāne	غیر عادلانه

criminal (adj)	jenāyi	جنایی
confiscar (vt)	mosādere kardan	مصادره کردن
droga (f)	mavādd-e moxadder	مواد مخدر
arma (f)	selāh	سلاح
desarmar (vt)	xal'-e selāh kardan	خلع سلاح کردن
ordenar (vt)	farmān dādan	فرمان دادن
desaparecer (vi)	nāpadid šodan	ناپدید شدن

lei (f)	qānun	قانون
legal (adj)	qānuni	قانونی
ilegal (adj)	qeyr-e qānuni	غیر قانونی

responsabilidade (f)	mas'uliyat	مسئولیت
responsável (adj)	mas'ul	مسئول

NATUREZA

A Terra. Parte 1

122. Espaço sideral

espaço, cosmo (m)	fazā	فضا
espacial, cósmico (adj)	fazāyi	فضایی
espaço (m) cósmico	fazā-ye keyhān	فضای کیهان
mundo (m)	jahān	جهان
universo (m)	giti	گیتی
galáxia (f)	kahkešān	کهکشان
estrela (f)	setāre	ستاره
constelação (f)	surat-e falaki	صورت فلکی
planeta (m)	sayyāre	سیاره
satélite (m)	māhvāre	ماهواره
meteorito (m)	sang-e āsmāni	سنگ آسمانی
cometa (m)	setāre-ye donbāle dār	ستارۀ دنباله دار
asteroide (m)	šahāb	شهاب
órbita (f)	madār	مدار
girar (vi)	gardidan	گردیدن
atmosfera (f)	jav	جو
Sol (m)	āftāb	آفتاب
Sistema (m) Solar	manzume-ye šamsi	منظومه شمسی
eclipse (m) solar	kosuf	کسوف
Terra (f)	zamin	زمین
Lua (f)	māh	ماه
Marte (m)	merrix	مریخ
Vênus (f)	zahre	زهره
Júpiter (m)	moštari	مشتری
Saturno (m)	zohal	زحل
Mercúrio (m)	atārod	عطارد
Urano (m)	orānus	اورانوس
Netuno (m)	nepton	نپتون
Plutão (m)	poloton	پلوتون
Via Láctea (f)	kahkešān rāh-e širi	کهکشان راه شیری
Ursa Maior (f)	dobb-e akbar	دب اکبر
Estrela Polar (f)	setāre-ye qotbi	ستاره قطبی
marciano (m)	merrixi	مریخی
extraterrestre (m)	farā zamini	فرا زمینی

alienígena (m)	mowjud fazāyi	موجود فضايى
disco (m) voador	bošqāb-e parande	بشقاب پرنده
espaçonave (f)	fazā peymā	فضا پيما
estação (f) orbital	istgāh-e fazāyi	ايستگاه فضايى
lançamento (m)	rāh andāzi	راه اندازى
motor (m)	motor	موتور
bocal (m)	nāzel	نازل
combustível (m)	suxt	سوخت
cabine (f)	kābin	كابين
antena (f)	ānten	آنتن
vigia (f)	panjere	پنجره
bateria (f) solar	bātri-ye xoršidi	باطرى خورشيدى
traje (m) espacial	lebās-e fazānavardi	لباس فضانوردى
imponderabilidade (f)	bi vazni	بى وزنى
oxigênio (m)	oksižen	اكسيژن
acoplagem (f)	vasl	وصل
fazer uma acoplagem	vasl kardan	وصل كردن
observatório (m)	rasadxāne	رصدخانه
telescópio (m)	teleskop	تلسكوپ
observar (vt)	mošāhede kardan	مشاهده كردن
explorar (vt)	kašf kardan	كشف كردن

123. A Terra

Terra (f)	zamin	زمين
globo terrestre (Terra)	kare-ye zamin	كرۀ زمين
planeta (m)	sayyāre	سياره
atmosfera (f)	jav	جو
geografia (f)	joqrāfiyā	جغرافيا
natureza (f)	tabi'at	طبيعت
globo (mapa esférico)	kare-ye joqrāfiyāyi	كرۀ جغرافيايى
mapa (m)	naqše	نقشه
atlas (m)	atlas	اطلس
Europa (f)	orupā	اروپا
Ásia (f)	āsiyā	آسيا
África (f)	āfriqā	آفريقا
Austrália (f)	ostorāliyā	استراليا
América (f)	emrikā	امريكا
América (f) do Norte	emrikā-ye šomāli	امريكاى شمالى
América (f) do Sul	emrikā-ye jonubi	امريكاى جنوبى
Antártida (f)	qotb-e jonub	قطب جنوب
Ártico (m)	qotb-e šomāl	قطب شمال

124. Pontos cardeais

norte (m)	šomāl	شمال
para norte	be šomāl	به شمال
no norte	dar šomāl	در شمال
do norte (adj)	šomāli	شمالی
sul (m)	jonub	جنوب
para sul	be jonub	به جنوب
no sul	dar jonub	در جنوب
do sul (adj)	jonubi	جنوبی
oeste, ocidente (m)	qarb	غرب
para oeste	be qarb	به غرب
no oeste	dar qarb	در غرب
ocidental (adj)	qarbi	غربی
leste, oriente (m)	šarq	شرق
para leste	be šarq	به شرق
no leste	dar šarq	در شرق
oriental (adj)	šarqi	شرقی

125. Mar. Oceano

mar (m)	daryā	دریا
oceano (m)	oqyānus	اقیانوس
golfo (m)	xalij	خلیج
estreito (m)	tange	تنگه
terra (f) firme	zamin	زمین
continente (m)	qāre	قاره
ilha (f)	jazire	جزیره
península (f)	šeb-e jazire	شبه جزیره
arquipélago (m)	majma'-ol-jazāyer	مجمع‌الجزایر
baía (f)	xalij-e kučak	خلیج کوچک
porto (m)	langargāh	لنگرگاه
lagoa (f)	mordāb	مرداب
cabo (m)	damāqe	دماغه
atol (m)	jazire-ye marjāni	جزیره مرجانی
recife (m)	tappe-ye daryāyi	تپه دریایی
coral (m)	marjān	مرجان
recife (m) de coral	tappe-ye marjāni	تپه مرجانی
profundo (adj)	amiq	عمیق
profundidade (f)	omq	عمق
abismo (m)	partgāh	پرتگاه
fossa (f) oceânica	derāz godāl	درازگودال
corrente (f)	jaryān	جریان
banhar (vt)	ehāte kardan	احاطه کردن

litoral (m)	sãhel	ساحل
costa (f)	sãhel	ساحل

maré (f) alta	mod	مد
refluxo (m)	jazr	جزر
restinga (f)	sãhel-e šeni	ساحل شنی
fundo (m)	qa'r	قعر

onda (f)	mowj	موج
crista (f) da onda	nok	نوک
espuma (f)	kaf	کف

tempestade (f)	tufãn-e daryãyi	طوفان دریایی
furacão (m)	tufãn	طوفان
tsunami (m)	sonãmi	سونامی
calmaria (f)	sokun-e daryã	سکون دریا
calmo (adj)	ãrãm	آرام

polo (m)	qotb	قطب
polar (adj)	qotbi	قطبی

latitude (f)	arz-e joqrãfiyãyi	عرض جغرافیایی
longitude (f)	tul-e joqrãfiyãyi	طول جغرافیایی
paralela (f)	movãzi	موازی
equador (m)	xatt-e ostavã	خط استوا

céu (m)	ãsemãn	آسمان
horizonte (m)	ofoq	افق
ar (m)	havã	هوا

farol (m)	fãnus-e daryãyi	فانوس دریایی
mergulhar (vi)	širje raftan	شیرجه رفتن
afundar-se (vr)	qarq šodan	غرق شدن
tesouros (m pl)	ganj	گنج

126. Nomes de Mares e Oceanos

Oceano (m) Atlântico	oqyãnus-e atlas	اقیانوس اطلس
Oceano (m) Índico	oqyãnus-e hend	اقیانوس هند
Oceano (m) Pacífico	oqyãnus-e ãrãm	اقیانوس آرام
Oceano (m) Ártico	oqyãnus-e monjamed-e šomãli	اقیانوس منجمد شمالی

Mar (m) Negro	daryã-ye siyãh	دریای سیاه
Mar (m) Vermelho	daryã-ye sorx	دریای سرخ
Mar (m) Amarelo	daryã-ye zard	دریای زرد
Mar (m) Branco	daryã-ye sefid	دریای سفید

Mar (m) Cáspio	daryã-ye xazar	دریای خزر
Mar (m) Morto	daryã-ye morde	دریای مرده
Mar (m) Mediterrâneo	daryã-ye meditarãne	دریای مدیترانه

Mar (m) Egeu	daryã-ye eže	دریای اژه
Mar (m) Adriático	daryã-ye ãdriyãtik	دریای آدریاتیک

Mar (m) Arábico	daryā-ye arab	دریای عرب
Mar (m) do Japão	daryā-ye žāpon	دریای ژاپن
Mar (m) de Bering	daryā-ye brinq	دریای برینگ
Mar (m) da China Meridional	daryā-ye čin-e jonubi	دریای چین جنوبی
Mar (m) de Coral	daryā-ye marjān	دریای مرجان
Mar (m) de Tasman	daryā-ye tās-emān	دریای تاسمان
Mar (m) do Caribe	daryā-ye kārāib	دریای کارائیب
Mar (m) de Barents	daryā-ye barntz	دریای بارنتز
Mar (m) de Kara	daryā-ye kārā	دریای کارا
Mar (m) do Norte	daryā-ye šomāl	دریای شمال
Mar (m) Báltico	daryā-ye bāltik	دریای بالتیک
Mar (m) da Noruega	daryā-ye norvež	دریای نروژ

127. Montanhas

montanha (f)	kuh	کوه
cordilheira (f)	rešte-ye kuh	رشته کوه
serra (f)	selsele-ye jebāl	سلسله جبال
cume (m)	qolle	قله
pico (m)	qolle	قله
pé (m)	dāmane-ye kuh	دامنۀ کوه
declive (m)	šib	شیب
vulcão (m)	ātaš-fešān	آتشفشان
vulcão (m) ativo	ātaš-fešān-e faʿāl	آتش فشان فعال
vulcão (m) extinto	ātaš-fešān-e xāmuš	آتش فشان خاموش
erupção (f)	favarān	فوران
cratera (f)	dahāne-ye ātašfešān	دهانۀ اتش فشان
magma (m)	māgmā	ماگما
lava (f)	godāze	گدازه
fundido (lava ~a)	godāxte	گداخته
cânion, desfiladeiro (m)	tange	تنگه
garganta (f)	darre-ye tang	درۀ تنگ
fenda (f)	tange	تنگه
precipício (m)	partgāh	پرتگاه
passo, colo (m)	gozargāh	گذرگاه
planalto (m)	falāt	فلات
falésia (f)	saxre	صخره
colina (f)	tappe	تپه
geleira (f)	yaxčāl	یخچال
cachoeira (f)	ābšār	آبشار
gêiser (m)	češme-ye āb-e garm	چشمۀ آب گرم
lago (m)	daryāče	دریاچه
planície (f)	jolge	جلگه
paisagem (f)	manzare	منظره

123

eco (m)	en'ekãs-e sowt	انعکاس صوت
alpinista (m)	kuhnavard	کوهنورد
escalador (m)	saxre-ye navard	صخره نورد
conquistar (vt)	fath kardan	فتح کردن
subida, escalada (f)	so'ud	صعود

128. Nomes de montanhas

Alpes (m pl)	ãlp	آلپ
Monte Branco (m)	moan belãn	مون بلان
Pirineus (m pl)	pirene	پیرنه

Cárpatos (m pl)	kuhhã-ye kãrpãt	کوههای کارپات
Urais (m pl)	kuhe-i orãl	کوههای اورال
Cáucaso (m)	qafqãz	قفقاز
Elbrus (m)	alborz	البرز

Altai (m)	ãltãy	آلتای
Tian Shan (m)	tiyãn šãn	تیان شان
Pamir (m)	pãmir	پامیر
Himalaia (m)	himãliyã-vo	هیمالیا
monte Everest (m)	everest	اورست

| Cordilheira (f) dos Andes | ãnd | آند |
| Kilimanjaro (m) | kelimãnjãro | کلیمانجارو |

129. Rios

rio (m)	rudxãne	رودخانه
fonte, nascente (f)	češme	چشمه
leito (m) de rio	bastar	بستر
bacia (f)	howze	حوضه
desaguar no ...	rixtan	ریختن

| afluente (m) | enše'ãb | انشعاب |
| margem (do rio) | sãhel | ساحل |

corrente (f)	jaryãn	جریان
rio abaixo	be samt-e pãin-e rudxãne	به سمت پائین رودخانه
rio acima	be samt-e bãlã-ye rudxãne	به سمت بالای رودخانه

inundação (f)	seyl	سیل
cheia (f)	toqyãn	طغیان
transbordar (vi)	toqyãn kardan	طغیان کردن
inundar (vt)	toqyãn kardan	طغیان کردن

| banco (m) de areia | tangãb | تنگاب |
| corredeira (f) | tondãb | تندآب |

barragem (f)	sad	سد
canal (m)	kãnãl	کانال
reservatório (m) de água	maxzan-e ãb	مخزن آب

eclusa (f)	ābgir	آبگیر
corpo (m) de água	maxzan-e āb	مخزن آب
pântano (m)	bātlāq	باتلاق
lamaçal (m)	lajan zār	لجن زار
redemoinho (m)	gerdāb	گرداب
riacho (m)	ravad	رود
potável (adj)	āšāmidani	آشامیدنی
doce (água)	širin	شیرین
gelo (m)	yax	یخ
congelar-se (vr)	yax bastan	یخ بستن

130. Nomes de rios

rio Sena (m)	sen	سن
rio Loire (m)	lavār	لوآر
rio Tâmisa (m)	timz	تیمز
rio Reno (m)	rāyn	راین
rio Danúbio (m)	dānub	دانوب
rio Volga (m)	volgā	ولگا
rio Don (m)	don	دن
rio Lena (m)	lenā	لنا
rio Amarelo (m)	rud-e zard	رود زرد
rio Yangtzé (m)	yāng tese	یانگ تسه
rio Mekong (m)	mekung	مکونگ
rio Ganges (m)	gong	گنگ
rio Nilo (m)	neyl	نیل
rlo Congo (m)	kongo	کنگو
rio Cubango (m)	okavango	اوکاوانگو
rio Zambeze (m)	zāmbezi	زامبزی
rio Limpopo (m)	rud-e limpupu	رود لیمپوپو
rio Mississippi (m)	mi si si pi	می سی سی پی

131. Floresta

floresta (f), bosque (m)	jangal	جنگل
florestal (adj)	jangali	جنگلی
mata (f) fechada	jangal-e anbuh	جنگل انبوه
arvoredo (m)	biše	بیشه
clareira (f)	marqzār	مرغزار
matagal (m)	biše-hā	بیشه ها
mato (m), caatinga (f)	bute zār	بوته زار
pequena trilha (f)	kure-ye rāh	کوره راه
ravina (f)	darre	دره

árvore (f)	deraxt	درخت
folha (f)	barg	برگ
folhagem (f)	šāx-o barg	شاخ و برگ
queda (f) das folhas	barg rizi	برگ ریزی
cair (vi)	rixtan	ریختن
topo (m)	nok	نوک
ramo (m)	šāxe	شاخه
galho (m)	šāxe	شاخه
botão (m)	šokufe	شکوفه
agulha (f)	suzan	سوزن
pinha (f)	maxrut-e kāj	مخروط کاج
buraco (m) de árvore	surāx	سوراخ
ninho (m)	lāne	لانه
toca (f)	lāne	لانه
tronco (m)	tane	تنه
raiz (f)	riše	ریشه
casca (f) de árvore	pust	پوست
musgo (m)	xaze	خزه
arrancar pela raiz	rišekan kardan	ریشه کن کردن
cortar (vt)	boridan	بریدن
desflorestar (vt)	boridan	بریدن
toco, cepo (m)	kande-ye deraxt	کندهٔ درخت
fogueira (f)	ātaš	آتش
incêndio (m) florestal	ātaš suzi	آتش سوزی
apagar (vt)	xāmuš kardan	خاموش کردن
guarda-parque (m)	jangal bān	جنگل بان
proteção (f)	mohāfezat	محافظت
proteger (a natureza)	mohāfezat kardan	محافظت کردن
caçador (m) furtivo	šekārči-ye qeyr-e qānuni	شکارچی غیر قانونی
armadilha (f)	tale	تله
colher (cogumelos, bagas)	čidan	چیدن
perder-se (vr)	gom šodan	گم شدن

132. Recursos naturais

recursos (m pl) naturais	manābe-'e tabii	منابع طبیعی
minerais (m pl)	mavādd-e ma'dani	مواد معدنی
depósitos (m pl)	tah nešast	ته نشست
jazida (f)	meydān	میدان
extrair (vt)	estexrāj kardan	استخراج کردن
extração (f)	estexrāj	استخراج
minério (m)	sang-e ma'dani	سنگ معدنی
mina (f)	ma'dan	معدن
poço (m) de mina	ma'dan	معدن
mineiro (m)	ma'dānči	معدنچی

| gás (m) | gāz | گاز |
| gasoduto (m) | lule-ye gāz | لولهٔ گاز |

petróleo (m)	naft	نفت
oleoduto (m)	lule-ye naft	لولهٔ نفت
poço (m) de petróleo	čāh-e naft	چاه نفت
torre (f) petrolífera	dakal-e haffāri	دکل حفاری
petroleiro (m)	tānker	تانکر

areia (f)	šen	شن
calcário (m)	sang-e āhak	سنگ آهک
cascalho (m)	sangrize	سنگریزه
turfa (f)	turb	تورب
argila (f)	xāk-e ros	خاک رس
carvão (m)	zoqāl sang	زغال سنگ

ferro (m)	āhan	آهن
ouro (m)	talā	طلا
prata (f)	noqre	نقره
níquel (m)	nikel	نیکل
cobre (m)	mes	مس

zinco (m)	ruy	روی
manganês (m)	mangenez	منگنز
mercúrio (m)	jive	جیوه
chumbo (m)	sorb	سرب

mineral (m)	mādde-ye ma'dani	مادهٔ معدنی
cristal (m)	bolur	بلور
mármore (m)	marmar	مرمر
urânio (m)	orāniyom	اورانیوم

A Terra. Parte 2

133. Tempo

tempo (m)	havā	هوا
previsão (f) do tempo	piš bini havā	پیش بینی هوا
temperatura (f)	damā	دما
termômetro (m)	damāsanj	دماسنج
barômetro (m)	havāsanj	هواسنج
úmido (adj)	martub	مرطوب
umidade (f)	rotubat	رطوبت
calor (m)	garmā	گرما
tórrido (adj)	dāq	داغ
está muito calor	havā xeyli garm ast	هوا خیلی گرم است
está calor	havā garm ast	هوا گرم است
quente (morno)	garm	گرم
está frio	sard ast	سرد است
frio (adj)	sard	سرد
sol (m)	āftāb	آفتاب
brilhar (vi)	tābidan	تابیدن
de sol, ensolarado	āftābi	آفتابی
nascer (vi)	tolu' kardan	طلوع کردن
pôr-se (vr)	qorob kardan	غروب کردن
nuvem (f)	abr	ابر
nublado (adj)	abri	ابری
nuvem (f) preta	abr-e bārānzā	ابر باران زا
escuro, cinzento (adj)	tire	تیره
chuva (f)	bārān	باران
está a chover	bārān mibārad	باران می بارد
chuvoso (adj)	bārāni	بارانی
chuviscar (vi)	nam-nam bāridan	نم نم باریدن
chuva (f) torrencial	bārān šodid	باران شدید
aguaceiro (m)	ragbār	رگبار
forte (chuva, etc.)	šadid	شدید
poça (f)	čāle	چاله
molhar-se (vr)	xis šodan	خیس شدن
nevoeiro (m)	meh	مه
de nevoeiro	meh ālud	مه آلود
neve (f)	barf	برف
está nevando	barf mibārad	برف می بارد

134. Tempo extremo. Catástrofes naturais

trovoada (f)	tufān	طوفان
relâmpago (m)	barq	برق
relampejar (vi)	barq zadan	برق زدن
trovão (m)	ra'd	رعد
trovejar (vi)	qorridan	غریدن
está trovejando	ra'd mizanad	رعد می زند
granizo (m)	tagarg	تگرگ
está caindo granizo	tagarg mibārad	تگرگ می بارد
inundar (vt)	toqyān kardan	طغیان کردن
inundação (f)	seyl	سیل
terremoto (m)	zamin-larze	زمین لرزه
abalo, tremor (m)	tekān	تکان
epicentro (m)	kānun-e zaminlarze	کانون زمین لرزه
erupção (f)	favarān	فوران
lava (f)	godāze	گدازه
tornado (m)	gerdbād	گردباد
tufão (m)	tufān	طوفان
furacão (m)	tufān	طوفان
tempestade (f)	tufān	طوفان
tsunami (m)	sonāmi	سونامی
ciclone (m)	gerdbād	گردباد
mau tempo (m)	havā-ye bad	هوای بد
incêndio (m)	ātaš suzi	آتش سوزی
catástrofe (f)	balā-ye tabi'i	بلای طبیعی
meteorito (m)	sang-e āsmāni	سنگ آسمانی
avalanche (f)	bahman	بهمن
deslizamento (m) de neve	bahman	بهمن
nevasca (f)	kulāk	کولاک
tempestade (f) de neve	barf-o burān	برف و بوران

Fauna

135. Mamíferos. Predadores

predador (m)	heyvān-e darande	حیوان درنده
tigre (m)	bebar	ببر
leão (m)	šir	شیر
lobo (m)	gorg	گرگ
raposa (f)	rubāh	روباه
jaguar (m)	jagvār	جگوار
leopardo (m)	palang	پلنگ
chita (f)	yuzpalang	یوزپلنگ
pantera (f)	palang-e siyāh	پلنگ سیاه
puma (m)	yuzpalang	یوزپلنگ
leopardo-das-neves (m)	palang-e barfi	پلنگ برفی
lince (m)	siyāh guš	سیاه گوش
coiote (m)	gorg-e sahrāyi	گرگ صحرایی
chacal (m)	šoqāl	شغال
hiena (f)	kaftār	کفتار

136. Animais selvagens

animal (m)	heyvān	حیوان
besta (f)	heyvān	حیوان
esquilo (m)	sanjāb	سنجاب
ouriço (m)	xārpošt	خارپشت
lebre (f)	xarguš	خرگوش
coelho (m)	xarguš	خرگوش
texugo (m)	gurkan	گورکن
guaxinim (m)	rākon	راکن
hamster (m)	muš-e bozorg	موش بزرگ
marmota (f)	muš-e xormā-ye kuhi	موش خرمای کوهی
toupeira (f)	muš-e kur	موش کور
rato (m)	muš	موش
ratazana (f)	muš-e sahrāyi	موش صحرایی
morcego (m)	xoffāš	خفاش
arminho (m)	qāqom	قاقم
zibelina (f)	samur	سمور
marta (f)	samur	سمور
doninha (f)	rāsu	راسو
visom (m)	tire-ye rāsu	تیره راسو

| castor (m) | sag-e ābi | سگ آبی |
| lontra (f) | samur ābi | سمور آبی |

cavalo (m)	asb	اسب
alce (m)	gavazn	گوزن
veado (m)	āhu	آهو
camelo (m)	šotor	شتر

bisão (m)	gāvmiš	گاومیش
auroque (m)	gāv miš	گاو میش
búfalo (m)	bufālo	بوفالو

zebra (f)	gurexar	گورخر
antílope (m)	boz-e kuhi	بز کوهی
corça (f)	šukā	شوکا
gamo (m)	qazāl	غزال
camurça (f)	boz-e kuhi	بز کوهی
javali (m)	gorāz	گراز

baleia (f)	nahang	نهنگ
foca (f)	fak	فک
morsa (f)	širmāhi	شیرماهی
urso-marinho (m)	gorbe-ye ābi	گربۀ آبی
golfinho (m)	delfin	دلفین

urso (m)	xers	خرس
urso (m) polar	xers-e sefid	خرس سفید
panda (m)	pāndā	پاندا

macaco (m)	meymun	میمون
chimpanzé (m)	šampānze	شمپانزه
orangotango (m)	orāngutān	اورانگوتان
gorila (m)	guril	گوریل
macaco (m)	mākāk	ماکاک
gibão (m)	gibon	گیبون

elefante (m)	fil	فیل
rinoceronte (m)	kargadan	کرگدن
girafa (f)	zarrāfe	زرافه
hipopótamo (m)	asb-e ābi	اسب آبی

| canguru (m) | kāngoro | کانگورو |
| coala (m) | kovālā | کوالا |

mangusto (m)	xadang	خدنگ
chinchila (f)	čin čila	چین چیلا
cangambá (f)	rāsu-ye badbu	راسوی بدبو
porco-espinho (m)	taši	تشی

137. Animais domésticos

gata (f)	gorbe	گربه
gato (m) macho	gorbe-ye nar	گربۀ نر
cão (m)	sag	سگ

cavalo (m)	asb	اسب
garanhão (m)	asb-e nar	اسب نر
égua (f)	mādiyān	ماديان
vaca (f)	gāv	گاو
touro (m)	gāv-e nar	گاو نر
boi (m)	gāv-e axte	گاو اخته
ovelha (f)	gusfand	گوسفند
carneiro (m)	gusfand-e nar	گوسفند نر
cabra (f)	boz-e mādde	بز ماده
bode (m)	boz-e nar	بز نر
burro (m)	xar	خر
mula (f)	qāter	قاطر
porco (m)	xuk	خوک
leitão (m)	bače-ye xuk	بچهٔ خوک
coelho (m)	xarguš	خرگوش
galinha (f)	morq	مرغ
galo (m)	xorus	خروس
pata (f), pato (m)	ordak	اردک
pato (m)	ordak-e nar	اردک نر
ganso (m)	qāz	غاز
peru (m)	buqalamun-e nar	بوقلمون نر
perua (f)	buqalamun-e māde	بوقلمون ماده
animais (m pl) domésticos	heyvānāt-e ahli	حيوانات اهلى
domesticado (adj)	ahli	اهلى
domesticar (vt)	rām kardan	رام کردن
criar (vt)	parvareš dādan	پرورش دادن
fazenda (f)	mazrae	مزرعه
aves (f pl) domésticas	morq-e xānegi	مرغ خانگى
gado (m)	dām	دام
rebanho (m), manada (f)	galle	گله
estábulo (m)	establ	اصطبل
chiqueiro (m)	āqol xuk	آغل خوک
estábulo (m)	āqol gāv	آغل گاو
coelheira (f)	lanye xarguš	لانه خرگوش
galinheiro (m)	morq dāni	مرغ دانى

138. Pássaros

pássaro (m), ave (f)	parande	پرنده
pombo (m)	kabutar	کبوتر
pardal (m)	gonješk	گنجشک
chapim-real (m)	morq-e zanburxār	مرغ زنبورخوار
pega-rabuda (f)	zāqi	زاغى
corvo (m)	kalāq-e siyāh	کلاغ سياه

gralha-cinzenta (f)	kalāq	كلاغ
gralha-de-nuca-cinzenta (f)	zāq	زاغ
gralha-calva (f)	kalāq-e siyāh	كلاغ سياه
pato (m)	ordak	اردک
ganso (m)	qāz	غاز
faisão (m)	qarqāvol	قرقاول
águia (f)	oqāb	عقاب
açor (m)	qerqi	قرقى
falcão (m)	šāhin	شاهين
abutre (m)	karkas	كركس
condor (m)	karkas-e emrikāyi	كركس امريكايى
cisne (m)	qu	قو
grou (m)	dornā	درنا
cegonha (f)	lak lak	لک لک
papagaio (m)	tuti	طوطى
beija-flor (m)	morq-e magas-e xār	مرغ مگس خوار
pavão (m)	tāvus	طاووس
avestruz (m)	šotormorq	شترمرغ
garça (f)	havāsil	حواصيل
flamingo (m)	felāmingo	فلامينگو
pelicano (m)	pelikān	پليكان
rouxinol (m)	bolbol	بلبل
andorinha (f)	parastu	پرستو
tordo-zornal (m)	bāstarak	باسترک
tordo-músico (m)	torqe	طرقه
melro-preto (m)	tukā-ye siyāh	توكاى سياه
andorinhão (m)	bādxorak	بادخورک
cotovia (f)	čakāvak	چكاوک
codorna (f)	belderčin	بلدرچين
pica-pau (m)	dārkub	داركوب
cuco (m)	fāxte	فاخته
coruja (f)	joqd	جغد
bufo-real (m)	šāh buf	شاه بوف
tetraz-grande (m)	siāh xorus	سياه خروس
tetraz-lira (m)	siāh xorus-e jangali	سياه خروس جنگلى
perdiz-cinzenta (f)	kabk	كبک
estorninho (m)	sār	سار
canário (m)	qanāri	قنارى
galinha-do-mato (f)	siyāh xorus-e fandoqi	سياه خروس فندقى
tentilhão (m)	sehre-ye jangali	سهره جنگلى
dom-fafe (m)	sohre sar-e siyāh	سهره سر سياه
gaivota (f)	morq-e daryāyi	مرغ دريايى
albatroz (m)	morq-e daryāyi	مرغ دريايى
pinguim (m)	pangoan	پنگوئن

139. Peixes. Animais marinhos

brema (f)	mãhi-ye sim	ماهی سیم
carpa (f)	kapur	کپور
perca (f)	mãhi-e luti	ماهی لوتی
siluro (m)	gorbe-ye mãhi	گربه ماهی
lúcio (m)	ordak mãhi	اردک ماهی
salmão (m)	mãhi-ye salemon	ماهی سالمون
esturjão (m)	mãhi-ye xãviãr	ماهی خاویار
arenque (m)	mãhi-ye šur	ماهی شور
salmão (m) do Atlântico	sãlmon-e atlãntik	سالمون اتلانتیک
cavala, sarda (f)	mãhi-ye esqumeri	ماهی اسقومری
solha (f), linguado (m)	sofre mãhi	سفره ماهی
lúcio perca (m)	suf	سوف
bacalhau (m)	mãhi-ye rowqan	ماهی روغن
atum (m)	tan mãhi	تن ماهی
truta (f)	mãhi-ye qezelãlã	ماهی قزل آلا
enguia (f)	mãrmãhi	مارماهی
raia (f) elétrica	partomahiye barqi	پرتوماهی برقی
moreia (f)	mãrmãhi	مارماهی
piranha (f)	pirãnã	پیرانا
tubarão (m)	kuse-ye mãhi	کوسه ماهی
golfinho (m)	delfin	دلفین
baleia (f)	nahang	نهنگ
caranguejo (m)	xarčang	خرچنگ
água-viva (f)	arus-e daryãyi	عروس دریایی
polvo (m)	hašt pã	هشت پا
estrela-do-mar (f)	setãre-ye daryãyi	ستاره دریایی
ouriço-do-mar (m)	xãrpošt-e daryãyi	خارپشت دریایی
cavalo-marinho (m)	asb-e daryãyi	اسب دریایی
ostra (f)	sadaf-e xorãki	صدف خوراکی
camarão (m)	meygu	میگو
lagosta (f)	xarčang-e daryãyi	خرچنگ دریایی
lagosta (f)	xarčang-e xãrdãr	خرچنگ خاردار

140. Anfíbios. Répteis

cobra (f)	mãr	مار
venenoso (adj)	sammi	سمی
víbora (f)	af'i	افعی
naja (f)	kobrã	کبرا
píton (m)	mãr-e pinton	مار پیتون
jiboia (f)	mãr-e bwa	مار بوا
cobra-de-água (f)	mãr-e čaman	مار چمن

| cascavel (f) | mãr-e zangi | مار زنگی |
| anaconda (f) | mãr-e ãnãkondã | مار آناکوندا |

lagarto (m)	susmãr	سوسمار
iguana (f)	susmãr-e deraxti	سوسمار درختی
varano (m)	bozmajje	بزمجه
salamandra (f)	samandar	سمندر
camaleão (m)	ãftãb-parast	آفتاب پرست
escorpião (m)	aqrab	عقرب

tartaruga (f)	lãk pošt	لاک پشت
rã (f)	qurbãqe	قورباغه
sapo (m)	vazaq	وزغ
crocodilo (m)	temsãh	تمساح

141. Insetos

inseto (m)	hašare	حشره
borboleta (f)	parvãne	پروانه
formiga (f)	murče	مورچه
mosca (f)	magas	مگس
mosquito (m)	paše	پشه
escaravelho (m)	susk	سوسک

vespa (f)	zanbur	زنبور
abelha (f)	zanbur-e asal	زنبور عسل
mamangaba (f)	xar zanbur	خرزنبور
moscardo (m)	xarmagas	خرمگس

| aranha (f) | ankabut | عنکبوت |
| teia (f) de aranha | tãr-e ankabut | تارعنکبوت |

libélula (f)	sanjãqak	سنجاقک
gafanhoto (m)	malax	ملخ
traça (f)	bid	بید

barata (f)	susk	سوسک
carrapato (m)	kane	کنه
pulga (f)	kak	کک
borrachudo (m)	paše-ye rize	پشه ریزه

gafanhoto (m)	malax	ملخ
caracol (m)	halazun	حلزون
grilo (m)	jirjirak	جیرجیرک
pirilampo, vaga-lume (m)	kerm-e šab-tãb	کرم شب تاب
joaninha (f)	kafšduzak	کفشدوزک
besouro (m)	susk bãldãr	سوسک بالدار

sanguessuga (f)	zãlu	زالو
lagarta (f)	kerm-e abrišam	کرم ابریشم
minhoca (f)	kerm	کرم
larva (f)	lãrv	لارو

Flora

142. Árvores

árvore (f)	deraxt	درخت
decídua (adj)	barg riz	برگ ریز
conífera (adj)	maxrutiyān	مخروطیان
perene (adj)	hamiše sabz	همیشه سبز
macieira (f)	deraxt-e sib	درخت سیب
pereira (f)	golābi	گلابی
cerejeira (f)	gilās	گیلاس
ginjeira (f)	ālbālu	آلبالو
ameixeira (f)	ālu	آلو
bétula (f)	tus	توس
carvalho (m)	balut	بلوط
tília (f)	zirfun	زیرفون
choupo-tremedor (m)	senowbar-e larzān	صنوبر لرزان
bordo (m)	afrā	افرا
espruce (m)	senowbar	صنوبر
pinheiro (m)	kāj	کاج
alerce, lariço (m)	senowbar-e ārāste	صنوبر آراسته
abeto (m)	šāh deraxt	شاه درخت
cedro (m)	sedr	سدر
choupo, álamo (m)	sepidār	سپیدار
tramazeira (f)	zabān gonješk-e kuhi	زبان گنجشک کوهی
salgueiro (m)	bid	بید
amieiro (m)	tuskā	توسکا
faia (f)	rāš	راش
ulmeiro, olmo (m)	nārvan-e qermez	نارون قرمز
freixo (m)	zabān-e gonješk	زبان گنجشک
castanheiro (m)	šāh balut	شاه بلوط
magnólia (f)	māgnoliyā	ماگنولیا
palmeira (f)	naxl	نخل
cipreste (m)	sarv	سرو
mangue (m)	karnā	کرنا
embondeiro, baobá (m)	bāobāb	بائوباب
eucalipto (m)	okaliptus	اوکالیپتوس
sequoia (f)	sorx-e čub	سرخ چوب

143. Arbustos

arbusto (m)	bute	بوته
arbusto (m), moita (f)	bute zār	بوته زار

| videira (f) | angur | انگور |
| vinhedo (m) | tākestān | تاکستان |

framboeseira (f)	tamešk	تمشک
groselheira-negra (f)	angur-e farangi-ye siyāh	انگور فرنگی سیاه
groselheira-vermelha (f)	angur-e farangi-ye sorx	انگور فرنگی سرخ
groselheira (f) espinhosa	angur-e farangi	انگور فرنگی

acácia (f)	aqāqiyā	اقاقیا
bérberis (f)	zerešk	زرشک
jasmim (m)	yāsaman	یاسمن

junípero (m)	ardaj	اردج
roseira (f)	bute-ye gol-e mohammadi	بوتهٔ گل محمدی
roseira (f) brava	nastaran	نسترن

144. Frutos. Bagas

| fruta (f) | mive | میوه |
| frutas (f pl) | mive jāt | میوه جات |

maçã (f)	sib	سیب
pera (f)	golābi	گلابی
ameixa (f)	ālu	آلو

morango (m)	tut-e farangi	توت فرنگی
ginja (f)	ālbālu	آلبالو
cereja (f)	gilās	گیلاس
uva (f)	angur	انگور

framboesa (f)	tamešk	تمشک
groselha (f) negra	angur-e farangi-ye siyāh	انگور فرنگی سیاه
groselha (f) vermelha	angur-e farangi ye sorx	انگور فرنگی سرخ
groselha (f) espinhosa	angur-e farangi	انگور فرنگی
oxicoco (m)	nārdānak-e vahši	ناردانک وحشی

laranja (f)	porteqāl	پرتقال
tangerina (f)	nārengi	نارنگی
abacaxi (m)	ānānās	آناناس
banana (f)	mowz	موز
tâmara (f)	xormā	خرما

limão (m)	limu	لیمو
damasco (m)	zardālu	زردآلو
pêssego (m)	holu	هلو

| quiuí (m) | kivi | کیوی |
| toranja (f) | gerip forut | گریپ فوروت |

baga (f)	mive-ye butei	میوهٔ بوته ای
bagas (f pl)	mivehā-ye butei	میوه های بوته ای
arando (m) vermelho	tut-e farangi-ye jangali	توت فرنگی جنگلی
morango-silvestre (m)	zoqāl axte	زغال اخته
mirtilo (m)	zoqāl axte	زغال اخته

137

145. Flores. Plantas

flor (f)	gol	گل
buquê (m) de flores	daste-ye gol	دسته گل
rosa (f)	gol-e sorx	گل سرخ
tulipa (f)	lāle	لاله
cravo (m)	mixak	میخک
gladíolo (m)	susan-e sefid	سوسن سفید
centáurea (f)	gol-e gandom	گل گندم
campainha (f)	gol-e estekāni	گل استکانی
dente-de-leão (m)	gol-e qāsedak	گل قاصدک
camomila (f)	bābune	بابونه
aloé (m)	oloviye	آلوئه
cacto (m)	kāktus	کاکتوس
fícus (m)	fikus	فیکوس
lírio (m)	susan	سوسن
gerânio (m)	gol-e šamʿdāni	گل شمعدانی
jacinto (m)	sonbol	سنبل
mimosa (f)	mimosā	میموسا
narciso (m)	narges	نرگس
capuchinha (f)	gol-e lādan	گل لادن
orquídea (f)	orkide	ارکیده
peônia (f)	gol-e ašrafi	گل اشرفی
violeta (f)	banafše	بنفشه
amor-perfeito (m)	banafše-ye farangi	بنفشه فرنگی
não-me-esqueças (m)	gol-e farāmuš-am makon	گل فراموشم مکن
margarida (f)	gol-e morvārid	گل مروارید
papoula (f)	xašxāš	خشخاش
cânhamo (m)	šāh dāne	شاه دانه
hortelã, menta (f)	naʿnāʿ	نعناع
lírio-do-vale (m)	muge	موگه
campânula-branca (f)	gol-e barfi	گل برفی
urtiga (f)	gazane	گزنه
azedinha (f)	toršak	ترشک
nenúfar (m)	nilufar-e abi	نیلوفر آبی
samambaia (f)	saraxs	سرخس
líquen (m)	golesang	گلسنگ
estufa (f)	golxāne	گلخانه
gramado (m)	čaman	چمن
canteiro (m) de flores	baqče-ye gol	باغچه گل
planta (f)	giyāh	گیاه
grama (f)	alaf	علف
folha (f) de grama	alaf	علف

folha (f)	barg	برگ
pétala (f)	golbarg	گلبرگ
talo (m)	sāqe	ساقه
tubérculo (m)	riše	ریشه

| broto, rebento (m) | javāne | جوانه |
| espinho (m) | xār | خار |

florescer (vi)	gol kardan	گل کردن
murchar (vi)	pažmorde šodan	پژمرده شدن
cheiro (m)	bu	بو
cortar (flores)	boridan	بریدن
colher (uma flor)	kandan	کندن

146. Cereais, grãos

grão (m)	dāne	دانه
cereais (plantas)	qallāt	غلات
espiga (f)	xuše	خوشه

trigo (m)	gandom	گندم
centeio (m)	čāvdār	چاودار
aveia (f)	jow-e sahrāyi	جو صحرایی
painço (m)	arzan	ارزن
cevada (f)	jow	جو

milho (m)	zorrat	ذرت
arroz (m)	berenj	برنج
trigo-sarraceno (m)	gandom-e siyāh	گندم سیاه

ervilha (f)	noxod	نخود
feijão (m) roxo	lubiyā qermez	لوبیا قرمز
soja (f)	sowyā	سویا
lentilha (f)	adas	عدس
feijão (m)	lubiyā	لوبیا

PAÍSES. NACIONALIDADES

147. Europa Ocidental

Europa (f)	orupā	اروپا
União (f) Europeia	ettehādiye-ye orupā	اتحادیه اروپا
Áustria (f)	otriš	اتریش
Grã-Bretanha (f)	beritāniyā-ye kabir	بریتانیای کبیر
Inglaterra (f)	engelestān	انگلستان
Bélgica (f)	belžik	بلژیک
Alemanha (f)	ālmān	آلمان
Países Baixos (m pl)	holand	هلند
Holanda (f)	holand	هلند
Grécia (f)	yunān	یونان
Dinamarca (f)	dānmārk	دانمارک
Irlanda (f)	irland	ایرلند
Islândia (f)	island	ایسلند
Espanha (f)	espāniyā	اسپانیا
Itália (f)	itāliyā	ایتالیا
Chipre (m)	qebres	قبرس
Malta (f)	mālt	مالت
Noruega (f)	norvež	نروژ
Portugal (m)	porteqāl	پرتغال
Finlândia (f)	fanlānd	فنلاند
França (f)	farānse	فرانسه
Suécia (f)	sued	سوئد
Suíça (f)	suis	سوئیس
Escócia (f)	eskātland	اسکاتلند
Vaticano (m)	vātikān	واتیکان
Liechtenstein (m)	lixteneštāyn	لیختن‌اشتاین
Luxemburgo (m)	lokzāmborg	لوکزامبورگ
Mônaco (m)	monāko	موناکو

148. Europa Central e de Leste

Albânia (f)	ālbāni	آلبانی
Bulgária (f)	bolqārestān	بلغارستان
Hungria (f)	majārestān	مجارستان
Letônia (f)	letuni	لتونی
Lituânia (f)	litvāni	لیتوانی
Polônia (f)	lahestān	لهستان

Romênia (f)	romāni	رومانی
Sérvia (f)	serbestān	صربستان
Eslováquia (f)	eslovāki	اسلواکی

Croácia (f)	korovāsi	کرواسی
República (f) Checa	jomhuri-ye ček	جمهوری چک
Estônia (f)	estoni	استونی

Bósnia e Herzegovina (f)	bosni-yo herzogovin	بوسنی وهرزگوین
Macedônia (f)	jomhuri-ye maqduniye	جمهوری مقدونیه
Eslovênia (f)	eslovoni	اسلوونی
Montenegro (m)	montenegro	مونته‌نگرو

149. Países da ex-URSS

| Azerbaijão (m) | āzarbāyjān | آذربایجان |
| Armênia (f) | armanestān | ارمنستان |

Belarus	belārus	بلاروس
Geórgia (f)	gorjestān	گرجستان
Cazaquistão (m)	qazzāqestān	قزاقستان
Quirguistão (m)	qerqizestān	قرقیزستان
Moldávia (f)	moldāvi	مولداوی

| Rússia (f) | rusiye | روسیه |
| Ucrânia (f) | okrāyn | اوکراین |

Tajiquistão (m)	tājikestān	تاجیکستان
Turquemenistão (m)	torkamanestān	ترکمنستان
Uzbequistão (f)	ozbakestān	ازبکستان

150. Asia

Ásia (f)	āsiyā	آسیا
Vietnã (m)	viyetnām	ویتنام
Índia (f)	hendustān	هندوستان
Israel (m)	esrāil	اسرائیل

China (f)	čin	چین
Líbano (m)	lobnān	لبنان
Mongólia (f)	moqolestān	مغولستان

| Malásia (f) | mālezi | مالزی |
| Paquistão (m) | pākestān | پاکستان |

Arábia (f) Saudita	arabestān-e so'udi	عربستان سعودی
Tailândia (f)	tāyland	تایلند
Taiwan (m)	tāyvān	تایوان
Turquia (f)	torkiye	ترکیه
Japão (m)	žāpon	ژاپن
Afeganistão (m)	afqānestān	افغانستان
Bangladesh (m)	bangelādeš	بنگلادش

| Indonésia (f) | andonezi | اندونزی |
| Jordânia (f) | ordon | اردن |

| Iraque (m) | arāq | عراق |
| Irã (m) | irān | ایران |

| Camboja (f) | kāmboj | کامبوج |
| Kuwait (m) | koveyt | کویت |

Laos (m)	lāus	لائوس
Birmânia (f)	miyānmār	میانمار
Nepal (m)	nepāl	نپال
Emirados Árabes Unidos	emārāt-e mottahede-ye arabi	امارات متحده عربی

| Síria (f) | suriye | سوریه |
| Palestina (f) | felestin | فلسطین |

| Coreia (f) do Sul | kare-ye jonubi | کرهٔ جنوبی |
| Coreia (f) do Norte | kare-ye šomāli | کرهٔ شمالی |

151. América do Norte

Estados Unidos da América	eyālāt-e mottahede-ye emrikā	ایالات متحدهٔ امریکا
Canadá (m)	kānādā	کانادا
México (m)	mekzik	مکزیک

152. América Central do Sul

Argentina (f)	āržāntin	آرژانتین
Brasil (m)	berezil	برزیل
Colômbia (f)	kolombiyā	کلمبیا

| Cuba (f) | kubā | کوبا |
| Chile (m) | šili | شیلی |

| Bolívia (f) | bulivi | بولیوی |
| Venezuela (f) | venezuelā | ونزوئلا |

| Paraguai (m) | pārāgue | پاراگوئه |
| Peru (m) | porov | پرو |

Suriname (m)	surinām	سورینام
Uruguai (m)	orogue	اوروگوئه
Equador (m)	ekvādor	اکوادور

| Bahamas (f pl) | bāhāmā | باهاما |
| Haiti (m) | hāiti | هائیتی |

República Dominicana	jomhuri-ye dominikan	جمهوری دومینیکن
Panamá (m)	pānāmā	پاناما
Jamaica (f)	jāmāikā	جامائیکا

153. Africa

Egito (m)	mesr	مصر
Marrocos	marākeš	مراکش
Tunísia (f)	tunes	تونس
Gana (f)	qanā	غنا
Zanzibar (m)	zangbār	زنگبار
Quênia (f)	keniyā	کنیا
Líbia (f)	libi	لیبی
Madagascar (m)	mādāgāskār	ماداگاسکار
Namíbia (f)	nāmibiyā	نامیبیا
Senegal (m)	senegāl	سنگال
Tanzânia (f)	tānzāniyā	تانزانیا
África (f) do Sul	jomhuri-ye āfriqā-ye jonubi	جمهوری آفریقای جنوبی

154. Austrália. Oceania

Austrália (f)	ostorāliyā	استرالیا
Nova Zelândia (f)	niyuzland	نیوزلند
Tasmânia (f)	tāsmāni	تاسمانی
Polinésia (f) Francesa	polinezi-ye farānse	پلینزی فرانسه

155. Cidades

Amesterdã, Amsterdã	āmesterdām	آمستردام
Ancara	ānkārā	آنکارا
Atenas	āten	آتن
Bagdade	baqdād	بغداد
Bancoque	bānkok	بانکوک
Barcelona	bārselon	بارسلون
Beirute	beyrut	بیروت
Berlim	berlin	برلین
Bonn	bon	بن
Bordéus	bordo	بوردو
Bratislava	bratislav	براتیسلاو
Bruxelas	boruksel	بروکسل
Bucareste	boxārest	بخارست
Budapeste	budāpest	بوداپست
Cairo	qāhere	قاهره
Calcutá	kalkate	کلکته
Chicago	šikāgo	شیکاگو
Cidade do México	mekziko	مکزیکو
Copenhague	kopenhāk	کپنهاک
Dar es Salaam	dārossalām	دارالسلام
Deli	dehli	دهلی

Dubai	debi	دبی
Dublim	dublin	دوبلین
Düsseldorf	duseldorf	دوسلدورف
Estocolmo	āstokholm	استکهلم

Florença	felorāns	فلورانس
Frankfurt	ferānkfort	فرانکفورت
Genebra	ženev	ژنو
Haia	lāhe	لاهه
Hamburgo	hāmborg	هامبورگ

Hanói	hānoy	هانوی
Havana	hāvānā	هاوانا
Helsinque	helsinki	هلسینکی
Hiroshima	hirošimā	هیروشیما
Hong Kong	hong kong	هنگ کنگ
Istambul	estānbol	استامبول

Jerusalém	beytolmoqaddas	بیت المقدس
Kiev, Quieve	keyf	کیف
Kuala Lumpur	kuālālāmpur	کوالالامپور
Lion	liyon	لیون
Lisboa	lisbun	لیسبون

Londres	landan	لندن
Los Angeles	losānjeles	لس آنجلس
Madrid	mādrid	مادرید
Marselha	mārsey	مارسی
Miami	mayāmey	میامی

Montreal	montreāl	مونترآل
Moscou	moskow	مسکو
Mumbai	bombai	بمبئی
Munique	munix	مونیخ
Nairóbi	nāyrubi	نایروبی
Nápoles	nāpl	ناپل

Nice	nis	نیس
Nova York	niyuyork	نیویورک
Oslo	oslo	اسلو
Ottawa	otāvā	اتاوا
Paris	pāris	پاریس

Pequim	pekan	پکن
Praga	perāg	پراگ
Rio de Janeiro	riyo-do-žāniro	ریو دو ژانیرو
Roma	ram	رم
São Petersburgo	sān peterzburg	سن پترزبورگ
Seul	seul	سئول

Singapura	sangāpur	سنگاپور
Sydney	sidni	سیدنی
Taipé	tāype	تایپه
Tóquio	tokiyo	توکیو
Toronto	torento	تورنتو
Varsóvia	varšow	ورشو

Veneza	veniz	ونیز
Viena	viyan	وین
Washington	vāšangton	واشنگتن
Xangai	šānghāy	شانگهای

www.ingramcontent.com/pod-product-compliance
Lightning Source LLC
LaVergne TN
LVHW051742080426
835511LV00018B/3189